FSC
www.fsc.org

MIX

Papier aus ver-
antwortungsvollen
Quellen
Paper from
responsible sources

FSC® C105338

AF187727

2

Die Adler-Vision & Co. über Babylon, die Große – 2018 – Harald Schneider

Bibliographische Information der Deutschen Nationalbibliothek:
Die Deutschen Nationalbibliothek verzeichnet diese Publikation in
der Deutschen Nationalbiographie; Detaillierte bibliographische Daten sind im Internet über http://dnb.dnb.de abrufbar.

© 2018 Harald Schneider
Verlag:

Herstellung:
BoD Books of Demand, Norderstedt

Titelbild:
Petty

ISBN: 9783748-140160

Biblische Offenbarungsschriften über den letzten großen Weltbeherrscher

6

1.1.0 Vorwort

Auf der Suche nach der Weltherrscherin „Babylon, der Großen" hat sich über die Jahrhunderte hinweg gezeigt, dass für Gläubige zu jeder Zeit eine politische, wirtschaftliche oder religiöse Machtbündelung als Babylon die Große in Frage kam (Apk 17-18). Das Wesen einer Apokalypse scheint mit seinen bildhaften Beschreibungen diesen Umstand zunächst einmal zu begünstigen. Beim genaueren Hinsehen sind jedoch in jeder Apokalypse Merkmale vorhanden, die sich von einer Prophezeiung unterscheiden. Ein Prophet konnte Worte, die von Gott ausgingen, anderen mitteilen, z. B. um sie zu ermahnen und zur Reue zu bewegen. Das Hauptmerkmal einer Apokalypse hingegen ist die Zeit.

Das hier sofort Widerspruch von Seite der Wissenschaft auftritt ist nicht sonderlich erstaunlich, da diese Disziplin nicht die Fähigkeit besitzt, Offenbarung, die von Gott ausgeht, auch nur zu erfassen. Sie sucht nach einer Krise als Ursprung um die schrecklichen Bilder zu erklären und muss sich im Milieu der Spätdatierung aufhalten. Der Nutzen der Exegese besteht aber in vielen Einzelbeobachtungen, die als solches bei der Wahrheitssuche behilflich sind.

Wenn eine Apokalypse (Offenbarung) von Gott kommt, kann sie nur durch Geist erforscht werden. Sie wird vielleicht zu jeder Zeit angewandt aber nicht zu jeder Zeit erkannt. Das Wesen der Woche als Zeitrechnung wurde oft nicht berücksichtigt, weil die Kenntnis über Jahrwochen und Jubiläen fasst vollständig aus der Bibel verschwunden sind. Unter dem Begriff „biblische Chronologie" vereinigen sich die wenigen Anhaltspunkte einer Zeitrechnung, jedoch ohne diese selbst aufklären zu können. Oft wird mit Ausgrenzung anderer Textzeugen (LXX, Vg, Sam, Äth, Jub) ein Zeitbild aus dem Masoretischen Text (MT) erzeugt, das ohne die hohen Lebensalter vor der Flut aufzuklären der Woche Gewalt antut. Nachforschungen werden durch neuere Vorstellungen, die eine Buchreligion so mit sich bringt, behindert, weil sie u. a. auch die unterschiedlichen Legitimationen menschlicher Führer freilegt.

Apokalypsen sind tatsächlich für jeden Herrscher, sogar für die etablierten Religionen, unbequem.

> Es ist jedoch der kritischen Auseinandersetzung der Apokalyptik mit den Weltmächten zu verdanken, daß die Kirche spätestens seit Augustin ihre Rolle *in dieser Welt* als Herrscherin über die Weltmächte, d.i. als Stellvertreterin Gottes bzw Christi auf Erden, versteht. Im Gegenzug mußten die Apokalypsen beiseite geschoben werden, gerade weil sie eine Gefahr für jede (auch christliche) Weltmacht darstellten.[1]

Es verwundert deshalb nicht, dass sowohl im jüdischen wie auch im christlichen Kanon jeweils nur eine Apokalypse übriggelassen wurde; das Buch Daniel und die Apokalypse des Apostel Johannes.

Zwei Faktoren sprechen heute für eine günstige Beurteilung weiterer Apokalypsen. Die Rahmenbedingungen vieler jüdischer Apokalypsen waren gleich. Im Einzelnen sind die Siebenzahl[2], ihre Entstehungszeit, der Ablauf des Gerichtes (vgl. Heb 6,2), das Erscheinen des Messias, die einsetzende Bedrängnis, die Befreiung von Gottes Volk und die Auferstehung (Dan 12,1-3) zu nennen.

Sie beschreiben von der Zeit im Exil an den gleichen Zeitrahmen bis zum Gericht an der ganzen Welt, bei dem Gott die Weltmächte (das viertes Tier – Dan 7; den Adler – 4Esr 11-12; die Zeder – Bar Apk*syr* 39-40) richtet. Die spätere Offenbarung des Johannes wiederholt diese Apokalypsen, was einen gegenseitigen Vergleich und damit ein Zugang zu ergänzenden Informationen möglich macht.

---

[1] *Grebern S. Oegema* Zwischen Hoffnung und Gericht. Untersuchungen zur Rezeption der Apokalyptik im frühen Christentum und Judentum S.171
[2] Christliche Apokalypsen beschreiben teils die Zeit in 12er-Perioden.

Jesu Voraussage über den Abschluss (Mat 24-25; Mar 13; Luk 21) nennt auch die Zeichen an Sonne, Mond und Sternen (Luk 21,25), d. h. den Ablauf eines Siebeners, womit seine Prophezeiung zum Bestandteil einer Apokalypse (der Woche – vgl. Gen 1-2) wird.

Schon Joels Voraussagen kannten den Ablauf von Sonne, Mond und Sternen (Joel 3,3; 4,15 [Joel 2,30; 3,15]) und sind Teil einer Apokalypse, weil die Zeit (die Woche) das wesentliche Merkmal ist.

Der zweite Faktor für eine günstige Beurteilung einiger Apokalypsen als eine Offenbarung Gottes sind die scharfen Gegenwartsprofile! Dabei spielt es keine Rolle, ob diese schon einmal in einem Kanon waren. Die Inhalte bestechen durch eine präzise Fokussierung auf das andauernde Gericht der Zeit des Endes. Eine Gerichtswoche oder zwölf Zeiten des Gerichtes mit markanten Merkmalen besitzen eine höhere Aussagekraft, wie die Erfüllung einzelner Aussagen.

Hinzu kommt, dass eine Funktion über den Zeitpunkt und die Art des Erscheinens einer Apokalypse mit deren Inhalten ausgemacht werden kann. Viele jüdische Apokalypsen, wie die Esra-Apokalypse, wurden zu Beginn der Sieben Zeiten (Dan 4) während des Exils bis 539 v. u. Z. geschaut, um die nächsten sieben Zeiten anzuzeigen. Sieben Mondzeiten endeten 1945, sieben Sonnenzeiten erst 2020. Diese Periode wird auch mit zwölf Weltzeiten bezeichnet (4Esr 14). Die besagte Esra-Apokalypse verschwand aber zurzeit der Entdeckung der Neuen Welt (Kolumbus, Luther) in ein Schattendasein, aus dem sie erst jetzt aufwacht, um über eben diese Neue Welt zu berichten.

Die Frage, wer die Weltherrscherin Babylon die Große sei, kann mit der Adler-Vision der Esra-Apokalypse und den Parallelen aus der Baruch-Apokalypse erschöpfend aufgeklärt werden! Die Vergleiche mit dem Hirt des Hermas zeigen eine hohe Übereinstimmung.

Aus der Johannes-Apokalypse, (der) Daniel(-Apokalypse) und der Jesus-Apokalypse (Mat 24,28; Luk 17,37) wird der Adler gesichtet und hinterfragt, um in einen Vergleich mit der Adler-Vision der Ersa-Apokalypse (4Esr 11-12) gezogen werden zu können.

Die Adler-Vision (4Esr 11-12) wird in einer einfachen Übertragung geboten, die als Arbeitsversion auf Hebraismen weitgehend verzichtet. Die ursprüngliche Ausdrucksweise entspricht der des Daniel.

Es wird deutlich gemacht, wann der Adler erscheinen soll und ein Zusammenhang zu den großen Weltwirtschaftskrisen unserer Zeit festgestellt. Der Leib des Adlers und eine schwere Krise zur Mitte seiner Zeit wird mit der Geschichte der Vereingten Staaten verglichen und das Einsetzen der zwölf Flügel des Adlers fixiert.

Es werden zwölf Flügel und zwei Nebenflügel aus der Adler-Vision direkt als aufeinanderfolgende Präsidenten der USA erkannt. Der zweite Flügel war Franklin D. Roosevelt, dessen vier Amtsperioden die aller anderen US-Präsidenten übertraf. Der mittlere Kopf des Adlers wird mit Donald Trump identifiziert.

Die parallele Überlieferung zur Adlervision aus der syrischen Baruch-Apokalypse kommt zu Worte. Die Zeder-Vision und die Vision der hellen und dunklen Wasser werden herangezogen und die moralischen Defizite der Zeder betrachtet. Die Zwölf Zeitabschnitte der Baruch-Apokalypse 27 geben markante Geschehen während der Zeit der zwölf Flügel der Adler-Vision, wie z. B. dem Zweiten Weltkrieg, heraus.

Zwei kanonische Apokalypsen aus frühchristlicher Zeit (Didache. ApkPet) heben auf einen Verführer ab, weswegen Elia und Henoch Israel darauf Aufmerksam machen soll. Deshalb werden am Ende auch Maleachi und Joel herangezogen, um ein pünktliches erscheinen Elias vor der Gründung Israels zu belegen.

Der christliche Hirt des Hermas beschreibt durch zwölf Berge die zwölf Perioden seit der christlichen Staatsreligion während der Einsammlung wertvoller Steine für den Turmbau der (geistigen) Kirche. Mit seinen zwölf Geboten navigiert er uns durch die Zwangslagen der zwölf Jahrwochen Weltherrschaft der Flügel des Adlers. Die Einheit von Staat und Kirche will durch den Fundamentalismus wiederhergestellt werden, der die Wahrheit politisch instrumentalisiert.

Die synoptische Apokalypse wird im Artikel *Die Zeiten und die ersten Christen*, der vor etwa 20 Jahren erstellt und 2017 erstmals veröffentlicht wurde, angesprochen. Hier hat der Leser die Möglichkeit, seine aufgefassten Gedanken unabhängig in der Jesus-Apokalypse der Evangelien wiederzufinden, bzw. zeitliche und sachliche Verknüpfungen leichter aufzuspüren (z. B. falsche Propheten: die bestimmte Zeit ist nahe [Fundamentalismus]).

Mit dem Archefund wird zur biblischen Person Henoch übergeleitet und der chronologische Rahmen sowie die personelle Besetzung vor der Flut zusammengezogen.

Diese Studie soll einen zeitgemäßen Beitrag zur Identifikation von Babylon, der Großen (Apk 17-18) bieten und auf eine Gefahr-in-Verzug-Situation von Gottes Volk in der Einflusszone dieser Weltmacht aufmerksam machen (Apk 18,4). Dies ist sowohl jüdisch wie auch christlich von Belang, weil die Apokalypse des Petrus keinen Zweifel daran lässt, dass wenn der Feigenbaum Israel noch einmal treibt, der Verführer und Weltenherrscher zur gefährlichsten Bedrohung für Gottes Volk aufsteigen würde.

03.12.2018

Harald Schneider

1.1.1 Der Adler in der Offenbarung des Johannes

In der Offenbarung des Johannes werden vier lebende Geschöpfe mit dem Aussehen eines Löwen, dem eines Stieres, dem eines Menschen und auch dem eines Adlers genannt, die inmitten und rund um den Thron im Himmel sind und jeweils sechs Flügel und viele Augen haben (Apk 4,6-9). Unsere Aufmerksamkeit ist auf den Adler gerichtet. In einer früheren Studie konnte bereits herausgestellt werden, dass diese „lebenden Geschöpfe" vier großen Lebensräume für die Menschen bezeichnen.

> Diese vier lebenden Geschöpfe sind die Verkörperung der vier großen Zeitabschnitte. Der Löwe bezeichnet im wesentlichem die Zeit, als Engelsnachkommen die zivilisierte Welt vor der großen Flut beherrschten. Die Zeit des jungen Stieres begann nach dem Niedergang der Sumer und deren Abkömmlinge, zu denen auch Abraham, Isaak und Jakob gehörten. Das lebende Geschöpf Mensch steht für die Zeit des Menschensohnes, der in ihr auftrat und das lebende Geschöpf des Adlers für die Zeit des Wartens und Vorausschauens während der drei Wehe, die mit dem Tod der zwei Propheten verbunden waren.[3]

Das vierte lebende Geschöpf mit dem Aussehen eines Adlers bezeichnet den vierten Abschnitt von zwei Siebenern Menschheit, auch als 3 ½ Zeiten bekannt, vor deren Abschluss wir stehen. Die Suche nach dem Adler, die uns noch beschäftigen wird, findet in diesem Zeitabschnitt statt.

Johannes sieht noch einen Adler, der drei von sieben Posaunenstöße mit drei Wehe besät (Apg 8,13). Diese Töne werden mit drei Zeitabschnitten in Verbindung gebracht, die 3 ½ Zeiten ähneln.

---

[3] Biblische Zahlenwerte und ihre Bedeutung II. Die wiederentdeckte biblische Zeitrechnung. (9.1.1) Vier lebende Geschöpfe und 24 Älteste (2018) *Harald Schneider*

Ein weitsichtiger Adler belegte 3 Posaunen mit einem dreifachen Wehe für diejenigen, die auf der Erde wohnen (Apk 8,13), was offensichtlich für diese drei Perioden, die in Fortsetzung der Sechstel während des zweiten Siebeners, dem zweiten Teil, stehen. Diese 3 ½ Mondzeiten liefen ohne Schaltung 1945 aus.[4]

Der Hintergrund dieser Aussage war die Beobachtung, dass Sieben Zeiten in Halbe, Drittel, Sechstel und Siebtel als Zeitkonzept immer wieder in der Bibel auftauchen.

Die Abbildung zeigt die zwei Siebener (Schalen/Posaunen).

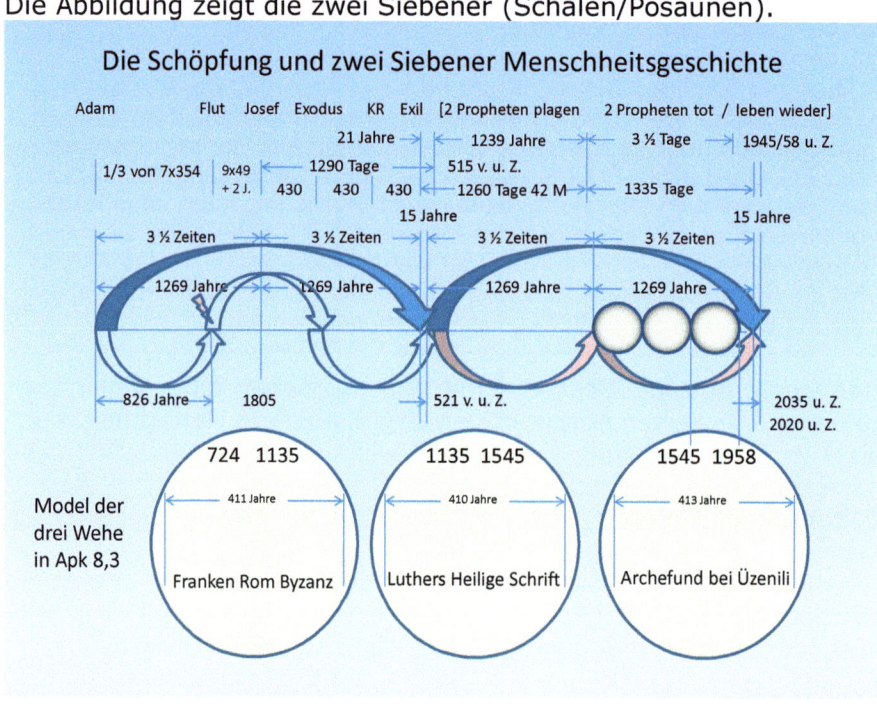

---

[4] Die biblisch-prophetische Chronologie. Zwei Siebener Menschheit im Überblick, Seite 48 (2017) *Harald Schneider*

Biblische Offenbarungsschriften über den letzten großen Weltbeherrscher

Die drei Wehe bezeichnen die Zeit der fünften, sechsten und siebenten Posaune. Zeitlicher Rahmen und Umfang werden von verschiedenen Faktoren bestimmt.

Drei Mondzeiten (354+x3) endeten bereits 1943/45+, drei Sonnenzeiten (365+x3) enden 2020+. Diese Zeiten begannen im frühen Mittelalter und bezeichenen die drei Wehe des Adlers, für den auch die ganze zweite Hälfte des zweiten Siebeners steht, dem Adler.

3 Mondzeiten	3 Sonnenzeiten
882 bis 1945	825 bis 2020

Auch der verfolgten Frau wurden die beiden Flügel des großen Adlers gegeben, um in der Wildnis an ihrer Stätte 3 ½ Zeiten fern vom Angesicht der Schlange ernährt zu werden (Apk 12,13.14).

Diese 3 ½ Zeiten bezeichnen an anderer Stelle eine Epoche, in der die zwei Zeugen nach ihrem Zeugnis (Apk 11,3) 3 ½ Tage tot auf den Straßen liegen, bis wieder Leben in sie kommt (Apk 11,11).

Wir können somit über den sinnbildlichen Adler und dessen Flügeln eine thematische Vernetzung feststellen, die aus Sicht der neuen biblischen Chronologie den zweiten Teil des zweiten Siebeners bezeichnen!

Wie der Menschensohn für die Zeit des lebenden Geschöpfes mit einem Menschenangesicht steht, könnte auch der Adler in nur einem bestimmten Abschnitt der Periode erscheinen und dennoch für den ganzen Lebenszeitraum stehen.

Gibt es noch in anderen Schriften Hinweise auf eine Verwendung des Adlers und/oder dessen Flügel, um dieses Zeitkonzept zu bescheiben?

1.1.2 Die Flügel des Adlers in Daniels Vision der vier Tiere

In Daniels Vision der vier Tiere hat der Löwe die Flügel eines Adlers, die ihm jedoch genommen werden (Dan 7,4).

> Ein Löwe ist ein mächtiges und gefährliches Raubtier. In der Tierwelt kennt es keine natürlichen Feinde. Sein Brüllen schreckt die Beute auf. Das Bild des Löwen an sich wäre eine passende Sinnbeschreibung für viele Regierungen und Königreiche, ob sie nun imperiale Raubzüge durchführen oder sich souverän gegenüber anderen Raubtieren behaupten. Der Löwe in Daniels Vision ist mit zwei Adlerflügeln ausgestattet … doch das würde nicht so bleiben (Dan 7,4). … Wer ihm die Flügel ausreist wird nicht gesagt.[5]

Abweichend von der bisherigen Interpretation der Flügel wird jetzt erstmals in Betracht gezogen, dass diese wegfallenden Flügel den Übergang vom Zeitalter des Adlers (in Mondzeiten) bezeichnen.[6] Das Überleben dreier Tiere über das vierte Tier hinaus macht die ganze Vision ohnehin zu einer Botschaft der Gegenwart (Dan 7,12). In der Vergangenheit wurden die vier Tiere in Anlehnung an Nebukadnezars Traum von einem Standbild (Dan 2) zu einem Gegenstand der Abfolge von Königreichen kreiert!

Dem Tier gleich einem Löwen haften noch weitere Veränderungen an, die sich in unserer Gegenwart abspielen müssen. Er wurde von der Erde auf zwei Beine wie ein Mensch aufgestellt und bekommt eines Menschen Herz (Dan 7,4).

---

[5] Biblische Zahlenwerte und ihre Bedeutung (I). Antworten aus Sicht der biblischen Chronologie. (5.3.7) Vier Tiere und ein Königreich (2016) *Harald Schneider*

[6] Der Leopard hatte die vier Flügel eines fliegenden Geschöpfes (Dan 7,7). Welches fliegende Geschöpf ist unklar. Bedeutsam könnte der Umstand sein, dass ihm tatsächlich Herrschaft gegeben wird.

Abweichend von der bisherigen Interpretation für „eines Menschen Herz" und „stehen wie ein Mensch", wird in dieser Veränderung jetzt ein Bezug zur ursprünglichen Absicht des Löwen erkennbar, die er wiedererlagen soll.

Des Löwen teritoriale und ideologische Heimat sind Arabien und der Islam, dessen Entstehung durch den Propheten Mohamed noch in die Zeitära des lebenden Geschöpfes mit dem Gesicht eines Menschen fällt (Apk 4,7). Mohameds Absicht bestand in der Beseitigung aufgekommener Irrtümer und falscher Lehren in der Christenheit. Er gehörte noch der Epoche des Menschensohnes an!

Basiert das Ausreisen der Adlersflügel auf den Sonnenzeiten, würden die Veränderungen tatsächlich, entgegen bisheriger Annahmen, erst die Zeit nach dem Untergang des vierten Tieres im Feuer ansprechen (Dan 7,11.12).[7]

---

[7] Auch in der Adlervision (4Esr 11-12) ist vom Verlust zweier Flügel die Rede, worauf noch eingegangen wird.

1.1.3 Der Adler in Lukas und Matthäus

Als Jesus auf der Erde lebte bestand einer seiner Absichten in der Beseitigung aufgekommener Irrtümer und falscher Lehren im Judaismus (Mat 5-7; 23).

Er bereitete seine Nachfolger auf eine anstehende und eine fernere Situation vor, die Matthäus als Zeichen seiner Gegenwart und als Abschluss des Systems der Dinge zusammenfasste (Mat 24-25).

„Wo immer der Kadaver ist, da werden die Adler versammelt werden" – Mat 24,28 *(NWÜ)*. Wo der Kadaver ist, sind auch die Geier versammelt, müsste man je nach dem Standort aus Beobachtungen annehmen können, aber es sind Adler angesprochen. Und was ist das für ein Kadaver?

Aus dem Kontext ist Jesu mutmaßliche Gegenwart (Parusie) angesprochen, die sich auf der Erde nicht durch Vertreter ausdrücken würde, sondern wie der Schein eines Blitzes vom Sonnenaufgang hinüberleuchten würde. Ob diese Adler bis zum Ende oder am Ende der Zeiten versammelt würden, wird nicht gesagt.

Ist mit dem Kadaver die vierte Zeitperiode angesprochen, wenn zwei Zeugen bildlich Tod auf den Straßen liegen würden? Dieses Bild (Apk 11) dauert 3 ½ Tage an, die als 3 ½ Zeiten erkannt werden können, den zweiten Teil eines Siebeners. Die Aussage in diesem Kontext ist somit diese, dass die Parusie nicht kommen kann, solange Adler um den Kadaver versammelt sind. In Mondzeiten kamen die zwei Zeugen bereits seit 1945 wieder zum Leben.

Auch Lukas gibt diesen Zusammenhang wieder (Luk 17,23.24) und geht dann erst auf die Tage Noahs und Lots ein (Luk 17,26-29), die ja für unübersehbare Veränderungen stehen. Auf diese Weise würde sich der Menschensohn offenbaren.

Lukas hat die Mitnahmesituation im Vergleich zu der Flucht von Loth festgehalten, wo Vertraute (vergleichbar mit Loths Frau) zurückbleiben würden. Die Frage: „Wo, Herr?" wird die Antwort: „Wo der Leib ist, da werden auch die Adler versammelt werden" gegeben. Ein Mitnehmen oder Zurücklassen von Gläubigen würde sich danach über den gesamten Zeitraum des Adlers erstrecken!

Wenn Jesus einen Leichnam (von Adlern belagert) anspricht, erinnert das schon an die zwei getöteten Zeugen, die 3 ½ Tage tod auf den Straßen liegen, bevor von Gott aus wieder Leben in sie kommt (Apk 11). Die Adler würden beim Leib sein, nicht ein Adler. Konnte Jesus bei seinen Zuhörern ein Verständnis über „die Adler" voraussetzen?

Ein pluraler Adler taucht in der Adler-Vision des Schealtiel[8] auf, die uns in der lateinischen Vulgata (4. Esra) und in anderen Sprachen überliefert ist.[9] Martin Luther hat 4. Esra nicht ins deutsche übersetzt was dazu beitrug, dass die einflussreiche Esra-Apokalypse von der Johannes-Apokalypse verdrängt wurde![10] Die kürzeste Auskunft über diese/n Adler ist in 4. Esra selbst zu finden:

> Der Adler, den du vom Meer aufsteigen sahst, ist das vierte Reich, das in einer Vision deinem Bruder Daniel erschienen ist – 4Esr 12,11.

---

[8] Schealtiel war ein Sohn Jechonjas (1Chr 3,17-19) und der Onkel von Serubabel (Esr 3,2; Mat 1,12). Er hatte den Beinamen Esra, weshalb seine Apokalypse als 4. Esra (Vulgata) oder als Esra-Apokalypse bekannt wurde.
[9] Das äthiopische Neue Testament stellt 4. Esra in den Anhang. Auch die Bibel in syrisch, arabisch, aramäisch, armenisch und georgisch überliefern.
[10] Die chronologischen Aspekte der Esra-Apokalypse, siehe: Die biblische Chronologie. Umfeld und hinterlegte Zeitrechnung (2015) *Harald Schneider*, Seite 39-85 (Das 4. Buch Esra, ein unterschätzter Zeuge!)

1.1.4 Die Adlervision des Schealtiel (4. Esra 11-12)

11,1 Danach sah ich im Traum aus dem Meer einen Adler mit zwölf Flügel und drei Köpfe aufsteigen. 2 Er[11] flog mit seinen Flügeln über die ganze Erde und alle Winde des Himmels wehten über ihm, und die Wolken sammeln sich über ihm. 3 Ich sah aus seinen Flügeln Unterflügel sprossen, kleine und winzige Flügel. 4 Die Köpfe blieben unverändert. Der mittlere Kopf war größer als die beiden anderen Köpfe, blieb aber im Gefüge unverändert. 5 Ich sah den Adler mit seinen Flügeln fliegen zum Herrschen über die Erde und ihre Bewohner, 6 damit sich ihm alles unter den Himmeln unterwerfe, und niemand widersprach ihm, auch keines der Geschöpfe der Erde. 7 Danach richtete sich der Adler zum Stand auf seine Krallen auf und schrie mit lauter Stimme zu seinen Flügeln:
8 Jetzt ruhend, wache je einer von euch an seinem Platz zu seiner Zeit. 9 Die Köpfe aber sollen bis zum Ende bleiben. 10 Die Stimme kam gar nicht aus seinem Kopf heraus, sondern aus der Mitte seines Körpers.
11 Ich zählte acht Gegenflügel. 12 Darauf ging ein Flügel aus seiner rechten Seite aus und herrschte über die ganze Erde. 13 Er herrschte bis sein Ende kam und er verging, sodass auch sein Platz nicht mehr zu sehen war. Da erhob sich der Zweite und herrschte anhaltend. 14 Er herrschte bis sein Ende kam, sodass er, wie der Erste, nicht mehr zu sehen war. 15 Eine Stimme sprach zu ihm: 16 Höre! Du, der während dieser vollen Zeit die Erde in der Gewalt hieltest! Das prophezeie ich dir, bevor du verschwinden wirst: 17 Keiner nach dir wird deine Zeit behaupten können, ja nicht einmal die Hälfte. 18 Da erhob sich der Dritte an die Herrschaft, wie die Vorgänger, doch auch er verschwand. 19 So erging es allen einzelnen Flügeln, die Herrschaft anzuführen und dann wieder verschwanden.
20 Zu ihrer Zeit richteten sich auch die folgenden Flügel auf, und zwar auf der rechten Seite, um ebenso die Herrschaft zu führen; unter ihnen gab es

---

[11] Diese Übertragung verzichtet auf die orientalischen Ausdrucksweisen „ich sah, und siehe" (11,3.5.7.10.12.20.22.24.25.26.28.33.35.37; 12,1-2.3), „siehe" (11,1.11. 15.29.31; 12,4.5.13) sowie verbindende Satzanfänge mit „Und" (11,3.15.21.23.31; 12,19.22.26.29), und verkürzt die Wiedergabe auch unter Vernachlässigung grammatikaler Gesichtspunkte zugunsten der Verständlichkeit. Sie lehnt sich eng an die Übersetzungen von *Josef Schreiner* JSHRZ, V,4 (Das vierte Buch Esra) und *Albertus Frederik Klijn* (Die Esra-Apokalypse) an.

solche, die sie führten, doch sie verschwanden sofort wieder. 21 Von ihnen erhoben sich einige, führten aber nicht die Herrschaft.

22 Danach waren zwölf Flügel und zwei Unterflügel verschwunden 23 und am Körper des Adlers blieb nichts übrig, ausgenommen sechs Unterflügel. 24 Von den sechs Unterflügel sonderten sich zwei ab, gingen hin und blieben bei dem Kopf, der auf der rechten Seite war; die vier jedoch blieben an ihrem Platz. 25 Diese Unterflügel gedachten, sich zu erheben und die Herrschaft zu führen. 26 Der Erste erhob sich, verschwand aber sofort; 27 so auch der Zweite, er verschwand noch schneller als der Erste. 28 Die Zwei, die von ihnen noch übrig waren, gedachten ebenso zu herrschen. 29 Während sie aber gedachten erwachte einer der ruhenden Köpfe, es war der mittlere, der größer war als die beiden Köpfe. 30 Ich sah, wie er die beiden Köpfe miteinander vereinigte. 31 Der Kopf wandte sich mit denen um, die bei ihm waren und verschlang die zwei Nebenflügel, die zu herrschen gedachten. 32 Dieser Kopf hielt die ganze Erde in seiner Gewalt, unterdrückte ihre Bewohner mit großer Bedrängnis und führte eine Gewaltherrschaft über die Erde mehr als alle Flügel zuvor.

33 Danach verschwand der mittlere Kopf plötzlich, so wie die Flügel. 34 Übrig blieben aber zwei Köpfe, die nun ebenso über die Erde und ihre Bewohner herrschten. 35 Der Kopf auf der rechten Seite verschlang den linken. 36 Da sprach eine Stimme zu mir: Sieh geradeaus was passiert! 37 Es fuhr ein Löwe mit Gebrüll aus dem Wald auf. Ich hörte, wie er Menschenstimmen an den Adler richte und deutlich sagte:

38 Hey du, der Höchste redet zu dir: 39 Bist du nicht von den vier Tieren übriggeblieben, die ich gemacht hatte, damit sie in meiner Welt herrschten, dass durch sie das Ende meiner Zeiten komme?

40 Als Viertes hast du alle vorigen Tiere besiegt, die Schreckensherrschaft über die Welt geführt und die Erde lange Zeit mit deiner Hinterlist gequält, 41 und die Erde nicht mit Wahrheit gerichtet. 42 Du hast Sanfte gequält, Ruhige verletzt, Aufrichtige gehasst und Lügner geliebt. Fruchtbringenden hast du die Häuser zerstört und die Mauern derer, die dir nichts Böses taten, eingerissen. 43 Deine Schmähung stieg zum Höchsten auf und dein Hochmut zum Gewaltigen. 44 Der Höchste sah, das seine Zeiten zu Ende und seine Welten vollendet waren. 45 Adler, du musst verschwinden, deine furchtbaren Flügel, deine elenden Nebenflügel, deine bösen Köpfe, deine schlimmen Krallen und dein ganzer verruchter Körper, 46 damit sich die Erde erholt und befreit von deiner Gewalt zur Ruhe kommt um auf das Gericht und das Erbarmen ihres Schöpfers zu warten.

12,1 Während der Löwe zum Adler sprach, 2 verschwand der übriggebliebene Kopf. Die zwei zu ihm abgesonderten Flügel erhoben sich zum Herrschen, doch ihre Herrschaft war schwach und voll Wirren. 3 Auch sie verschwanden. Der ganze Körper des Adlers ging in Flammen auf und die Erde war schockiert.

Ich wachte entsetzt auf, völlig verängstigt, und fragte mich selbst[12] 4 Das habe ich jetzt von meiner Nachforschung über die Wege des Höchsten. 5 Ich bin körperlich erschöpft und im Geist geschwächt. Die große Angst, die ich in dieser Nacht ausgestanden habe, raubte mir die letzte Kraft. 6 Ich will jetzt besser den Höchsten bitten, dass er mich das alles bis zum Ende durchstehen lässt.[13] 7 Ich sprach: Souveräner Herr, wenn ich vor deinen Augen Gnade gefunden habe, wenn ich vor dir gerechtfertigt bin und mein Gebet vor dein Angesicht gekommen ist, stärke mich und zeige deinem Diener, die Deutung und Erklärung dieser furchtbaren Vision, damit du mich vollständig aufrichtest.[14] 9 Denn du hast mich für würdig befunden, das Ende der Tage und den Abschluss der Zeiten zu sehen. Da sprach er zu mir: 10 So lautet die Deutung deiner Traumvision: 11 Der Adler, den du vom Meer aufsteigen sahst, ist das vierte Reich, das in einer Vision deinem Bruder Daniel erschienen ist 12 Es wurde ihm anders[15] gedeutet, als ich es jetzt dir deuten werde. 13 Tage kommen, in denen sich ein Reich auf der Erde erhebt, schrecklicher als alle vorherigen Reiche. 14 In ihm werden zwölf Könige in einer Reihenfolge herrschen. 15 Aber der Zweite, der herrscht wird die längste Herrschaftszeit von den zwölf haben. 16 Das ist die Deutung der zwölf Flügel, die du gesehen hast. 17 Die gehörte Stimme, die nicht von den Köpfen, sondern aus seiner Körpermitte ausging, 18 hat eine Begründung: Diesem Reich werden zur Mitte seiner Zeit nicht geringe Konflikte entstehen, und es droht, zu Fall zu kommen. Es wird dann aber nicht stürzen, sondern wieder in seiner Macht gefestigt werden. 19 Die acht Nebenflügel, die aus seinen Flügeln hervorgingen, 20 haben eine Begründung: In ihm werden acht Könige aufstehen, deren Zeiten flüchtig sind und deren Jahre rasch vorbeieilen. Zwei von ihnen werden zugrunde gehen, 21 wenn die Mitte der Zeit naht. Vier werden für die Zeit aufbewahrt, dem Ende seiner Zeit entgegen, zwei jedoch werden für das Ende aufbewahrt.

---

[12] sprach zu meinem Geist
[13] mich bis zum Ende stärkt
[14] meine Seele … trösteset
[15] aber nicht so

22 Die drei unveränderten Köpfe an ihm 23 haben eine Begründung: Am Ende wird der Höchste drei Könige erwecken, die vieles über die Erde erneuern 24 und ihre Bewohner mit großen Plagen beherrschen, mehr als alle, die vor ihnen waren. Deswegen wurden sie Köpfe des Adlers genannt. 25 Denn sie werden seinen Frevel auf die Spitze treiben und sein Ende abschließen. 26 Dass der große Kopf verschwindet, bedeutet: einer von ihnen wird auf seinem Bett unter Qualen sterben. 27 Die Zwei anderen wird das Schwert fressen, 28 das Schwert des einen seinen Gefährten, doch auch dieser wird in der letzten Zeit unter dem Schwert fallen. 29 Zwei Nebenflügel, die zu dem Kopf auf der rechten Seite übergehen, 30 haben eine Begründung: Diese hat der Höchste für sein Ende aufbewahrt. Ihre Herrschaft wird schwach und voller Wirren sein. 31 Der Löwe, der aus dem Wald mit Gebrüll auffuhr und dem Adler seine ungerechten Taten vorhielt, die du gehört hast. 32 Diesen König aus den Nachkommen Davids hat der Höchste bis zum Ende für sie und ihre Gottlosigkeit aufbewahrt. 33 Er wird sie lebendig vor das Gericht stellen und wenn er sie überführt hat, wird er sie vernichten.

34 Mein übriggebliebenes Volk, die in meinen Grenzen gerettet wurden, wird er gnädig befreien. Er wird ihnen Freude bereiten, bis das Ende der Tage des Gerichts kommt, über den ich am Anfang mit dir gesprochen habe. 35 Das ist die Traumvision, die du sahst und das ist seine Deutung. 36 Du allein bist für würdig erachtet, diese Geheimnis des Höchsten zu erfahren. 37 Schreibe deshalb das Gesehene in ein Buch und bewahre es im Verborgenen auf. 38 Lehre es die Weisen deines Volkes, von denen du weißt, dass ihre Herzen diese Geheimnisse erfassen und bewahren werden.

1.1.5 Die Adlervision, warum wichtig?

Die Adlervision ist als Teil von 4. Esra von Martin Luther nicht mit übersetzt worden, was eine Abseitsposition begünstigte, die auch durch die spätere Aufnahme in Lutherbibeln des 17. Jahrhunderts nicht mehr gebremst werden konnte.[16]

Als Offenbarungsschrift ist sie wie das Danielbuch oder die Offenbarung des Johannes eine direkte Mitteilung Gottes in Bildern, die Geheimnisse in sich tragen, die eine Deutung erfordern. Es sind sorgsam verschlossene Wirklichkeiten, die sich mit deren Erfüllung als bereits bekannt darstellen, als eine im voraus geschriebene Geschichte. Auch wenn Gelehrte das immer wieder verneinen, ist die präziese Erfüllung einer Apokalypse das Hauptmerkmal für dessen Urheberschaft. Gott hat durch Engel Menschen Dinge sehen lassen, und nicht Dinge haben Menschen dazu bewegt, Gott sichtbar machen zu wollen.

Eine Deutung der Adlervision ist von inneren und äusseren Merkmalen beeinflusst. **Wann entstand die Adlervision?**

> Im dreißigsten Jahre nach dem Untergange der Stadt verweilte ich Salathiel (der auch Esra heißt) in Babel, und als ich einmal auf meinem Bette lag, geriet ich in Bestürzung, und meine Gedanken gingen mir zu Herzen, weil ich Zion verwüstet, Babels Bewohner aber im Überfluß sah – 4Esr 3,1-2 *Gunkel*

Einige Forscher interpretieren daraus das Jahr 100 u. Z., dreißig Jahre nach der Zerstörung Jerusalems durch die Römer und andere wollen aus dem Inhalt der Adlervision eine verschlüsselte

---

[16] Die Neuapostolische Kirche gebraucht noch eine Luther-Übersetzung, die das Buch 4. Esra enthält. Auch die Russisch-Orthodoxe Kirche kennt in slawischen und russischen Bibeln das vierte Buch Esra.

Geschichtschreibung auf römische Kaiser bis 215 u. Z. erblicken. Frühe Abfassungszeiten sind in der Exegese nicht gefragt. Ähnliches folgern nicht wenige Gelehrte auch vom Buch Daniel, da sich auf diese Weise eine erfüllte Voraussage als eine im nachherein erfolgte Geschichtschreibung darstellen lässt.[17] Im Verlauf wird deutlich werden, dass auch beim Wegfall *aller* Einwände gegen eine Abfassung vor dessen Erfüllung, eine göttliche Urheberschaft weiter bestritten werden wird.[18]

Die Adlervision bezieht sich auf das vierte Tier in Daniels Vision (4Esr 12,11; Dan 7,7-8). Daniel und Schealtiel waren Zeitgenossen, während Juda noch im Exil in Babylon war. Das Alter der Esra-Apokalypse bestätigt sich durch die zahlreichen internen chronologischen Angaben (4Esr 3,1; 5,4; 7,43; 14,11). Selbst die Abweichungen zwischen Überlieferungen verschiedener Sprachräume bestätigen ein gemeinsames Zeitbild vom 30. Jahr nach dem Untergang der Stadt (B.M. 21946) bis zum Tempelaufbau und deren Einweihung. Sie kennen zwei Krisen dieser Zeit, die überwunden werden mussten. Eine davon, eine schwere Wirtschaftskrise, wird in Daniel mit „Sieben Zeiten" angesprochen (Dan 4,16), und kann zeitlich lokalisiert werden. Das daraus gewonnene Zeitbild wird durch andere Schriften bestätigt (4Q252; *äth*Hen, 10W-Apk).

> „Die Visionen der Heiligen" begannen im 1. Jahr Belsarzars. Die Bibel verwendet keine Zeitrechnung nach Nabonid und spricht von ihm nur synonym (Da 7,1; 4,1 u. ö.; 5,18.22).[19]

---

[17] Es existieren Schriften im jüdischen Umfeld, die Geschichtsschreibung so verpacken, als sei sie von früheren bekannten Persönlichkeiten verfasst worden. Diese Pseudographen machen aber häufig gar keinen Hehl daraus, später Verfasst worden zu sein und tragen ihr Gewand als Stilmittel.
[18] Jesus heilte Kranke, was seine Lehrbefugnis unterstrich, und doch hatten die Gelehrten seine Zeichen der Wirksamkeit des Satans zugeschrieben, was eine Sünde gegen den heiligen Geist war (Mar 3,1-6. 22-30).
[19] Die biblische Chronologie. Umfeld und hinterlegt Zeitrechnung, Seite 58

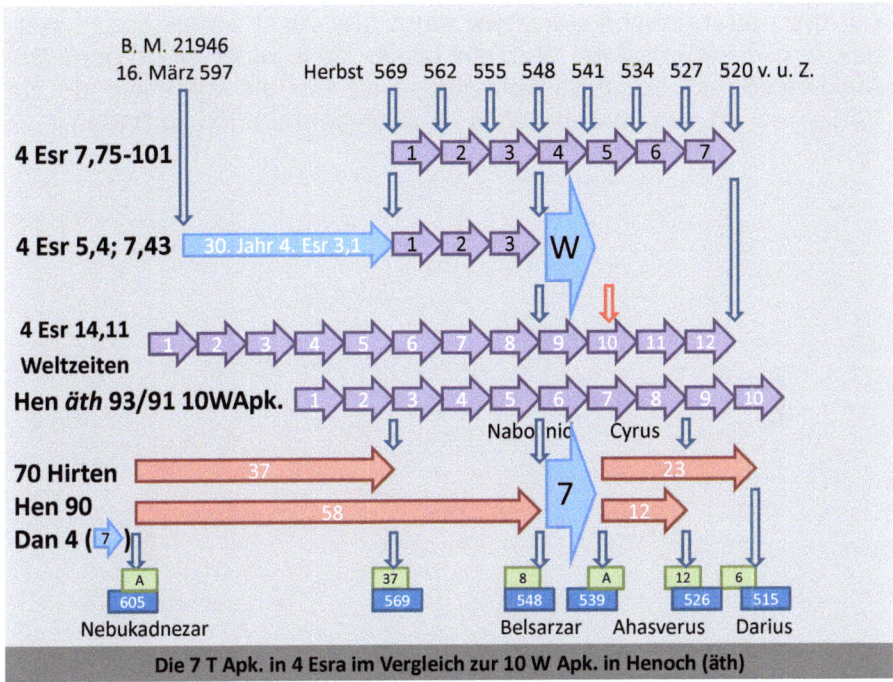

Die 7 T Apk. in 4 Esra im Vergleich zur 10 W Apk. in Henoch (äth)

Im achten Jahr Nabonids, des Vaters Belsarzars begannen die 12 Monde (Dan 4,29) der Jahrwoche, in der die 7 Zeiten einsetzten. Die Adlervision wurde kurz nach diesen Ereignissen empfangen:

> Der zeitliche Abstand war noch relativ jung, denn die Adlervision bekam Esra „in einer zweiten Nacht in einem Traum" – 4Esr 11,1. Dabei handelt es sich wohl um das 2. Jahr in der 5. Jahrwoche, denn zuvor hatte er nach 7. Tagen *Blumen*fasten die Begegnung mit einer Frau in tiefer Trauer (4Esr 9,27).[20]

Diese Angabe bezieht sich auf 540 bis 539 v. u. Z. (7-Tage-Apk.)

---

[20] Ebda, Seite 58

Auf die umfangreiche Vorarbeit kann hier nicht eingegangen wer-
den.[21] Die historischen Wurzeln lassen sich nicht wegreden. Der
Ausgangspunkt der Ersa-Apokalypse ist um die Zeitenwende zur
Vorherrschaft des Perserreiches zu suchen und auch zu finden.

---

[21] Die chronologischen Aspekte der Esra-Apokalypse, siehe: Die biblische
Chronologie. Umfeld und hinterlegte Zeitrechnung (2015) *Harald Schneider*,
Seite 39-85 (Das 4. Buch Esra, ein unterschätzter Zeuge!)

1.1.6 Wann soll sich die Adlervision erfüllen?

„Wo immer der Kadaver ist, da werden die Adler versammelt werden" – Mat 24,28 *(NWÜ)*. Auf die Frage „Wo, Herr?" gab Jesus den Ort an, der mit dem Leichnam der zwei Zeugen (Apk 11) in enge Verbindung gebracht wurde, die dem Zeitraum des lebenden Geschöpfes mit dem Angesicht eines Adlers entspricht (Apk 4,6-7).

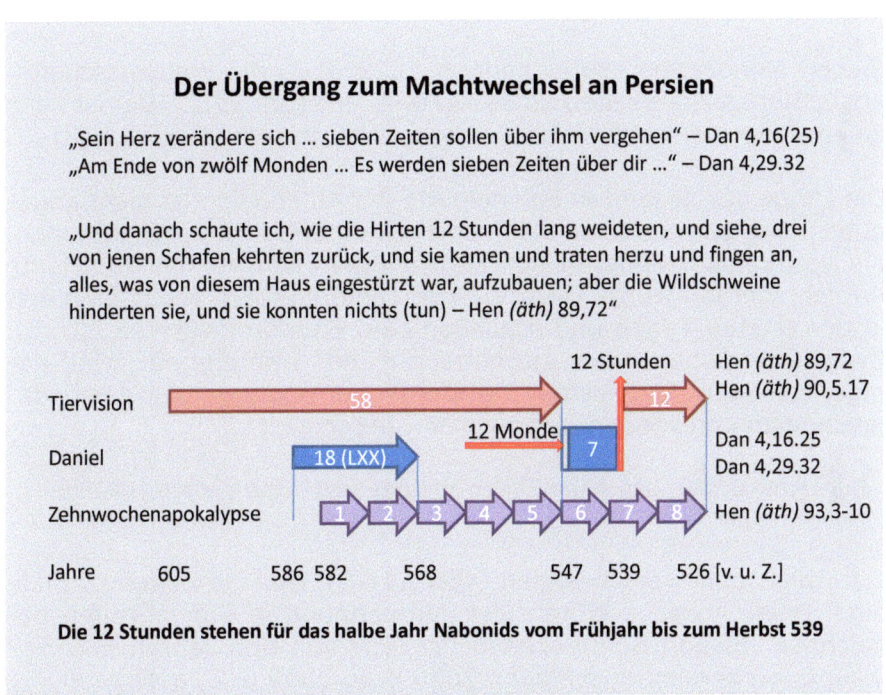

Das die Adlervision am Ende oder kurz nach den 7 Zeiten geschaut wurde kann als ein Hinweis gewertet werden, dass der Adler erst am Ende der 7 Zeiten auftritt (Siehe 1.1.1, Abb. Zwei Siebener).

Nur müsste dann jede Berechnung bis zum Ende der 7 Zeiten in Jahr-Jahre konsequent 547 anfangen. Für den Beginn der 7 Zeiten ist kein späteres Datum möglich, da das babylonische Reich im Herbst 539 v. u. Z. erobert wurde (Dan 4; 6). Nabonid war 10 Jahre in der Oase Teima in Arabien, wovon er auch 7 Jahre krank war (4Q252). Es kommen deshalb für den Beginn von 7 Jahren Krankheit nur die drei Jahre von 550-547 in Betracht. In Teima hatte er seinen Palast der Bauweise gleich dem in Babylon. Wie Keilschriftdokumente belegen, hatte Babylon eine schwere Wirtschaftskrise.

Sieben Mondzeiten später begann 1929 u. Z. die Weltwirtschaftskrise. Sieben Mondzeiten ab 547 v. u. Z. endeten 1932. Hier ist nach einem Adler zu suchen, der die ganze Welt in seine Gewalt hält!

Die Länge der gesamten Erscheinung der Adlervision ist nicht angegeben. Der zweite Flügel soll jedoch eine hohe Amtszeit innehaben, die von keinem anderen der zwölf Flügel auch nur bis zur Hälfte erreicht werden würde (4Esr 12,15). Die drei Köpfe erscheinen erst in den letzten Tagen und schließen sein Ende ab (4Esr 12,22-25). Zwei Nebenflügel sollen „zur Mitte der Zeit" während der zwölf Könige, vier „dem Ende seiner Zeit entgegen" und zwei „für das Ende" erscheinen und wieder verschwinden (4Esr 12,21).

> Der Höchste sah, das seine Zeiten zu Ende und seine Welten vollendet waren – 4Esr 11,44.

Der Adler muss verschwinden (4Esr 11,15), weil die Zeiten zu Ende sind. Diese Aussage könnte die Zeitrechnung in Sonnenzeiten bezeichnen. Sieben Sonnenzeiten (7x365) von den Jahren 550/547 v. u. Z. an berechnet schlagen 2006 bzw. 2009 u. Z. auf.

> Die US-Immobilienkrise weitete sich 2008 zu einer globalen Finanzmarktkrise aus ... Sie riss auch die Realwirtschaft in ihren Sog; weltweit schnürrten Regierungen umfangreiche staatliche Hilfspakete, deren Wirkung jedoch ungewiss ist – Brockhaus Jahrbuch 2008 *Vorwort*

Das Brockhausjahrbuch 2012 blickt zurück auf ein Jahr, das von zwei Themen beherrscht wurde; der Finanzkrise und den Umwälzungen in der arabischen Welt – Brockhaus Jahrbuch 2012 *Vorwort*

Die sieben Sonnenzeiten enden, wie schon die sieben Mondzeiten, beim Auftakt einer globalen Finanzkrise, was an das antike Vorbild der siebenjährigen babylonischen Finanzkrise denken lässt! Um die Tragkraft dieser Beobachtung plastisch zu machen: mit ernsthafter Nachforschung über die sieben Zeiten plus Adlervision hätte man zwei große Weltwirtschaftskrisen voraussagen können![22]

---

[22] „Hinter dem im Bibelbericht angesprochen Nebukadnezar verbirgt sich Nabonid, der Vater Belsarzars. Entsprechend fanden die sieben Zeiten erst während der letzten 17 Jahre der neubabylonischen Dynastie statt. In der Bildbeschreibung mit dem Baum, den Tieren und Vögeln wird mit der Veränderung deutlich, dass die Wirkung der zivilisatorischen Errungenschaften der Dynastie Nebukadnezars ausbleiben würden. Während der Regierung Nabonids brach in Babylon in Folge wirtschaftlicher Schwierigkeiten eine ernste Hungersnot aus. Er zieht sich 10 Jahre in die arabische Oase Teima zurück und nimmt an den wichtigen Feierlichkeiten zu Ehren Marduks, Babylons Schutzgott, nicht mehr teil. In den Schrifttrollen vom Toten Meer (4Q242) beschreibt Nabonid, wie er von Gott aus mit „sieben Jahren" Krankheit in Teima geschlagen wurde, und das alles aufschrieb. Wichtig! Die Erzählung passt mit den geschichtlichen Umständen zusammen! Die „sieben Zeiten" werden in 4Esr 7 als Zeitraum von „wohl einer Jahrwoche" umschrieben, sind aber keine Jahrwoche im kalendarischen Sinne, sondern ein Zeitraum dieser Länge, der im Kalender im 2. Jahr der 4. Woche begann. Dafür gibt es eine parallele Zeit in Daniel, den die sieben Zeiten begannen „am Ende von zwölf Mondmonaten" – Dan 4,29. Eine weitere Parallele besteht in Esras Speise, „Blumen des Feldes", die er während der sieben Tage essen durfte. Auch der Ort, das Gefilde, das in *ar* mit „Araab" wiedergegebene Araba für Wüste, kann hier als Vergleich herangezogen werden (4Esr 9,23-26). Dieser Hintergrund ist notwendig, weil dadurch der Fokus auf das Ende der neubabylonischen Dynastie fällt." – *Harald Schneider* Biblische Zahlenwerte und ihre Bedeutung. Antworten aus Sicht der biblischen Chronologie (2016), S. 19

Das Sprachbild aus der biblischen Chronologie über die zeitliche Anordnung der Mitteilung der Adlervision, schreit danach, für unsere Zeit erkannt und geschätzt zu werden! Gesucht wird der Beginn einer Weltherrschaft aber gefunden haben wir zunächst die zwei größten Wirtschaftskrisen unserer Zeit. Wie passt das zusammen?

Im antiken Vorbild entsprang aus der Wirtschaftskrise eine neue Weltherrschaft unter Kyros und seinem Sohn Kambyses in Personalunion, später von Kambyses alleine fortgesetzt. Die damalige Krise ermöglichte oder förderte zumindest den Wechsel zu einer neuen Machtverteilung. Ein Kopf, der wie zu Tode geschlachtet war, wurde wieder geheilt, und die ganze Erde folgte dem Tier mit Bewunderung (Apk 13,3).

Wer hatte vor-, durch-, mit- oder nach der Weltwirtschaftskrise 1929 die Fäden in der Hand? Welche Staaten und welche Banken steuerten das Geschick der Zeit? Wer förderte den Aufstieg von Adolf Hitler? Immer standen enorme Summen von Geld im Hintergrund. Wer verhinderte die Wiederaufbauhilfen der Weltbank an Russland? Hier setzten die starken Krallen eines Adlers an, der verschwinden muss!

Wer hat die Immobilienkrise 2008 in den USA verursacht und wer bezahlt die Rechnung am Ende?

Wenn die Börsenkurse fallen,
regt sich Kummer fast bei allen,
aber manche blühen auf:
Ihr Rezept heißt Leerverkauf.
Keck verhökern diese Knaben
Dinge, die sie gar nicht haben,
treten selbst den Absturz los,
den sie brauchen - echt famos!
Leichter noch bei solchen Taten
tun sie sich mit Derivaten:
Wenn Papier den Wert frisiert,
wird die Wirkung potenziert.
Wenn in Folge Banken krachen,
haben Sparer nichts zu lachen,
und die Hypothek aufs Haus
heißt, Bewohner müssen raus.
Trifft`s hingegen große Banken,
kommt die ganze Welt ins Wanken-
auch die Spekulantenbrut
zittert jetzt um Hab und Gut!
Soll man das System gefährden?
Da muss eingeschritten werden:
Der Gewinn, der bleibt privat,
die Verluste kauft der Staat.
Dazu braucht der Staat Kredite,
und das bringt erneut Profite,
hat man doch in jenem Land
die Regierung in der Hand.
Für die Zechen dieser Frechen
hat der Kleine Mann zu blechen
und - das ist das Feine ja -
nicht nur in Amerika!
Und wenn die Kurse wieder steigen,
fängt von vorne an der Reigen -
ist halt Umverteilung pur,
stets in eine Richtung nur.
Aber sollten sich die Massen
das mal nimmer bieten lassen,
ist der Ausweg längst bedacht:
Dann wird bisschen Krieg gemacht.

Kurt Tucholsky 1930
Die Weltbühne

Über die später noch anzusprechenden zwölf Weltzeiten (1.1.5, siehe Grafik) heißtes: „Denn noch schlimmere Übel, als du sie jetzt geschehen sahst, werden sich ereignen. Je schwächer nämlich die Welt vom Alter wird, desto mehr werden die Übel, die ihre Bewohner treffen. Die Wahrheit entfernt sich noch mehr, und die Lüge nährt sich. Schon eilt der Adler herbei, den du in der Vision gesehen hast" – 4Esr 14,15-17. Die dort verbliebenen 2 ½ Weltzeiten unter Kyros und Kambyses bis zum 2. Jahr Darius waren schwierig. Kyros und sein Sohn Kambyses beherrschten 2 ½ Zeiten (17 Jahre) das übernommene Weltreich! Die Adlervision mit seinen drei Köpfen und zwanzig Flügeln hat für eine fernere Zeit Bedeutung.

Darin werden die letzten 2 ½ von 12 Zeiten angesprochen! Sind diese 12 Zeiten die unterteilten 3 Sonnenzeiten von 825 bis 2020 (1.1.1), dann kam der Adler 1771, nur 17-18 Jahre vor der Gründung der Vereinigten Staaten. Die Unabhängigkeitsbestrebungen waren schon länger in Gang, wie die Bosten Tea Party am 16.12.1773 zeigt. Schon eilt der Adler herbei!

Biblische Offenbarungsschriften über den letzten großen Weltbeherrscher

1.1.7 Wo der Kadaver ist, da sind die Adler

Die Überlieferung der Worte Jesu „Wo immer der Kadaver ist, werden auch die Adler versammelt werden", lässt an die Opfer denken (Mat 24,18). Die Frage in Lukas: „Wo, Herr?" und die Antwort „Wo der Leib ist, da werden auch die Adler versammelt werden", lässt eher an einen Leib als Standort für die Adler denken (Luk 17,37). In der Adlervision kommt die Stimme aus der Mitte des Körpers (4Esr 11,10), was vom Engel Uriel wie folgt gedeutet wurde:

> Die gehörte Stimme, die nicht von den Köpfen, sondern aus seiner Körpermitte ausging, hat eine Begründung: Diesem Reich werden zur Mitte seiner Zeit nicht geringe Konflikte entstehen, und es droht, zu Fall zu kommen. Es wird dann aber nicht stürzen, sondern wieder in seiner Macht gefestigt werden – 4. Esra 12,17-18.

Wo bzw. wann war diese Mitte seiner Zeit? Dazu müsste zunächst einmal der Anfang seiner Zeit ermittelt werden. Die USA starteten 1789 mit George Washington als ihren ersten Präsidenten. Während der Amtszeit von Abraham Lincoln von 1861-1865 drohten die USA auseinanderzubrechen, als sich die Förderation der Südstaaten von den Nordstaaten lossagten und ein Bürgerkrieg ausbrach. Wäre diese Krise die Mitte seiner (des Leibes) Zeit gewesen, müsste der Leib weitere 72 Jahre später 1933 vollendet gewesen sein!

> *(1.1.6)* Sieben Mondzeiten ab 547 v. u. Z. endeten 1932. Hier ist nach einem Adler zu suchen, der die ganze Welt in seine Gewalt hält!

Was hat es zu bedeuten, dass von dieser Mitte die Stimme an die Flügel ausging? Diese Angabe ist für uns zunächst einmal ein gutes Erkennungsmerkmal des Adlerleibes, dem die zwölf Flügel und die drei Köpfe aufgesetzt sind. Das ist ein Grund für die Angabe der Mitte, aber eine Stimme die von dort ausgeht und Anweisungen vergibt die von den Flügeln und später den Köpfen befolgt werden, beschreibt eher den ideologischen Ursprung oder die Motivation dieses Adlers. Von hier gingen die Pläne aus, das zu werden was der Adler später als Ganzes verkörpert. Ohne uns jetzt in wilde Verschwörungstheorien zu verrennen: die Vision macht eigens auf diesen Ursprung aufmerksam, womit wir wiederum aufgefordert sind, diesen Sachverhalt im Auge zu behalten und im passenden Moment auch richtig aufzukären!

War die Frage „wo, Herr?" und die Antwort „Wo der Leib ist ..." (Luk 17,37) ein Hinweis auf einen fernen Standort[23] für die Adler? Wäre die Vision für ihre Zeit gewesen, hätte die Antwort auch so formuliert sein können: „Wo ihr den Leib seht, da sammeln sich auch die Adler." Die Standortfrage wurde auf den Leib verwiesen. Einziges Erkennungsmerkmal dieses Leibes ist eine Krise zur Mitte deren Zeit (4Esr 11,10; 12,17.18). Ein Verständnis der Vision war insofern auch den Generationen vor 1933 verschlossen!

Es ist auch eine chronologische Folge auszumachen. Zuerst sind der Leib und dann die Adler, die zu ihm versammelt werden. Erst der Folge wegen konnte aus dem lebenden Leib dann in Matthäus ein toter Kadaver gefolgert werden. Von der Mitte des Leibes gehen die Vorgaben für die Adlersflügel aus, von Washington.

Deshalb betrachten wir jetzt die zwölf Flügel und die zwei Nebenflügel, die zum herrschen auftauchten und wieder verschwanden.

---

[23] Die Esra-Apokalypse kennt ein Gleichnis, die Beschreibung eines engen Durchganges gleich einem Fluss, der zu einem unermesslich großen Meer führt, das zu befahren sei (4Esr 7,3-5). Die Meerenge bei Gibraltar öffnet den Weg vom Mittelmeer (als römisches Binnengewässer) zu einem Ozean und damit auch zu einer anderen Welt. Ein Wink mit dem Zaunpfahl? Das ist schwer zu beurteilen, da der Zusammenhang zur Adlervision fehlt.

1.1.8 Zwölf Flügel und zwei Nebenflügel[24]

Für die Ermittlung der 12 Flügel und der 2 Nebenflügel können wir bei der Weltwirtschaftskrise 1929 ansetzten und sollten 1933 nicht überschreiten. Der 31. Präsident der Vereinigten Staaten, Herbert Hoover, regierte zurzeit der Weltwirtschaftskrise von 1929-1933. Er ist der erste Flügel in der Adlervision (4Esr 11,1.12.13a), der herrschte bis sein Ende kam und er wieder verschwand.

Darauf ging ein Flügel aus seiner rechten Seite aus und herrschte über die ganze Erde. Er herrschte bis sein Ende kam und er verging, sodass auch sein Platz nicht mehr zu sehen war – 4Esr 11,12.13a.

Herbert Hoover (1874–1964)	Rep.	4. März 1929 4. März 1933	36.	Charles Curtis

Wie seine beiden republikanischen Vorgänger steht auch Hoover für eine Wirtschaftspolitik nach dem Laissez-faire-Prinzip. Der „Schwarze Donnerstag" von 1929 ist der Auftakt zur Weltwirtschaftskrise, der Hoover mit dem Hoover-Moratorium zu begegnen sucht. Da es seiner Regierung nicht gelingt, die Folgen der Wirtschaftsdepression abzumildern, bleibt seine Wiederwahl 1932 ein aussichtsloses Unterfangen.

Da erhob sich der Zweite und herrschte anhaltend. Er herrschte bis sein Ende kam, sodass er, wie der Erste, nicht mehr zu sehen war. Eine Stimme sprach zu ihm: Höre! Du, der während dieser vollen Zeit die Erde in der Gewalt hieltest! Das prophezeie ich dir, bevor du verschwinden wirst: Keiner nach dir wird deine Zeit behaupten können, ja nicht einmal die Hälfte – 4Esr 11,13b-17.

---

[24] Übersichten (Seite 35-46) aus Wikipedia, Liste der Präsidenten der USA

Kein Präsident der Vereinigten Staaten, außer Franklin Roosevelt, hatte vier Amtszeiten. Er war der 32. Präsident (erste Spalte) und hatte die 37. bis 40. Amtszeit (6. Spalte, 7. die Vizepräsidenten).

			37.		
			38.	John N. Garner	
Franklin D. Roosevelt † (1882–1945)	Demokr.	4. März 1933 12. April 1945	39.	Henry A. Wallace	
			40.	Harry S. Truman	

32

Der New Deal bündelt die Wirtschafts- und Sozialreformen und mit Hilfe der Works Progress Administration wird die Massenarbeitslosigkeit und -armut überwunden. Außenpolitisch vertritt Roosevelt die Linie der Good Neighbor Policy und bemüht sich nach Ausbruch des Zweiten Weltkriegs zumindest offiziell um Neutralität. Inoffiziell werden die Alliierten frühzeitig militärisch unterstützt (Leih- und Pachtgesetz). Durch den japanischen Angriff auf Pearl Harbor werden die USA zum Kriegseintritt gezwungen. Vielleicht wegen dieser Erfahrung trägt Franklin D. Roosevelt erheblich zur Gründung der Vereinten Nationen bei. Er ist der Einzige, dessen Präsidentschaft länger als zwei Amtszeiten währte. Die zuvor als informelles Prinzip geltende Beschränkung wurde erst mit einer Verfassungsänderung im Jahre 1951 formales Gesetz. Kurz nach der Konferenz von Jalta stirbt Roosevelt im Alter von 63 Jahren an einer Hirnblutung.

Da erhob sich der Dritte an die Herrschaft, wie die Vorgänger, doch auch er verschwand. So erging es allen einzelnen Flügeln, die Herrschaft anzuführen und dann wieder verschwanden – 4Esr 11,18.19

			40.	nicht besetzt
Harry S.		12. April		
Truman ↑	De-	1945		
(1884–	mokr.	20. Januar	41.	Alben W.
1972)		1953		Barkley

Truman, der erst 82 Tage vor seinem Amtsantritt zum Vizepräsidenten vereidigt worden war, sieht sich unmittelbar nach seiner Amtsübernahme aufgrund Roosevelts Tod mit zahlreichen wichtigen Ereignissen und Entscheidungen konfrontiert: Der Zweite Weltkrieg endet in Europa wenige Wochen nach seinem Amtsantritt im Mai, im Pazifik erst nach den Atombombenabwürfen auf Hiroshima und Nagasaki im September 1945 endgültig. Die Anti-Hitler-Koalition zerbricht und mit der Berlin-Blockade erreicht der Kalte Krieg seinen ersten Höhepunkt. Während der Präsidentschaft von Truman beginnt die McCarthy-Ära, in der das Komitee für unamerikanische Umtriebe Jagd auf tatsächliche oder vermeintliche Kommunisten macht. Ab 1950 ordnet er die militärische Intervention im Koreakrieg an, in dem er dem antikommunistischen Süden zur Hilfe kommt, der vom Norden angegriffen wurde. 1953 wird kurze Zeit nach seinem Ausscheiden ein Waffenstillstand vereinbart, der quasi den Vorkriegszustand wiederherstellt und noch bis heute gilt. Innenpolitisch bemüht sich Truman unter dem Schlagwort *Fair Deal* (in Anlehnung an den *New Deal* seines Vorgängers Franklin D. Roosevelt) um soziale Reformen (vor allem im Gesundheitswesen), doch werden seine Vorstöße nur bedingt durch den Kongress angenommen. Das Problem der ungleichen Rechte von Afroamerikanern rückt durch seine kontrovers diskutierte präsidiale Anordnung, die Rassentrennung im Militär zu beenden, erstmals in den öffentlichen Blickpunkt. 1952 verzichtet er auf eine erneute Wiederwahl, die zulässig gewesen wäre.

Dwight D. Eisenhower (1890– 1969)	Rep.	20. Januar 1953 20. Januar 1961	42. 43.	Richard Nixon

34

Der ursprünglich parteilose Eisenhower, der wichtigste US-Kommandeur im Zweiten Weltkrieg, wird nach dem Verzicht Trumans auf eine erneute Kandidatur aufgrund seiner enormen Popularität in der Bevölkerung von beiden Parteien als Kandidat umworben. Er entscheidet sich schließlich, für die Republikaner zu kandidieren und damit, einen Wechsel nach den langen Jahren der Herrschaft der Demokraten anzustreben. Der Koreakrieg endet mit einem Waffenstillstand und der De-facto-Teilung des Landes. 1953 stirbt Stalin, ab 1955 sieht sich Eisenhower einer auf internationalem Parkett zunehmend aggressiv und offensiv agierenden Sowjetunion gegenüber und reagiert darauf mit der Eisenhower-Doktrin. Wichtigste Impulsgeber der Präsidentschaft sind der Ausbau des nationalen Autobahnnetzes und die Errichtung der NASA als Weltraumbehörde. Obwohl seine Präsidentschaft eine Zeit der ideologischen Polarisierung im Kalten Krieg ist, agiert Eisenhower in vielem erstaunlich differenziert und weitsichtig. Er setzt 1954 dem Treiben des Senators Joseph McCarthy ein Ende, betreibt im Gegensatz zu seinen Nachfolgern eine ausgewogene Nahostpolitik und warnt in seiner Abschiedsrede an das amerikanische Volk eindringlich vor den Gefahren des militärisch-industriellen Komplexes. Sogar seinem konservativen Vizepräsidenten Richard Nixon steht Eisenhower, der bis zum Ende seiner Amtszeit von den Amerikanern geliebt und bewundert wird, kritisch gegenüber und fügt ihm im Wahlkampf gegen Kennedy durch eine abfällige Bemerkung gegenüber Journalisten erheblichen Schaden zu.

John F. Kennedy ‡ (1917–1963)	De-mokr.	20. Januar 1961 22. November 1963	44.	Lyndon B. Johnson	

Die nur 1.036 Tage (34 Monate) während Präsidentschaft Kennedys[1] ist geprägt von entscheidenden außenpolitischen Ereignissen: das Scheitern der Kuba-Invasion in der Schweinebucht (April 1961), die Ankündigung der Mondlandung (Mai 1961), der Bau der Berliner Mauer (August 1961), das beginnende militärische Engagement im Vietnamkrieg (z. B. Taylor-Staley-Plan, März 1962) und die Kubakrise wegen der Stationierung sowjetischer Atomraketen (Oktober 1962). Innenpolitisch bemüht sich Kennedy um Reformen und unterstützt die Bürgerrechtsbewegung, die die Aufhebung der Rassentrennung fordert. Tatsächliche innenpolitische Erfolge können allerdings nicht erzielt werden. Am 22. November 1963 wird John F. Kennedy in Dallas bei einem Attentat ermordet, das bis heute nicht restlos aufgeklärt ist und um das sich bis in die Gegenwart zahlreiche Verschwörungstheorien ranken.

Lyndon B. Johnson ↑ (1908– 1973)	Demokr.	22. November 1963 20. Januar 1969	44. 45.	nicht besetzt (aufgerückt) Hubert H. Humphrey

Johnson tritt das Amt nach der Ermordung Kennedys im November 1963 an und wird ein Jahr später durch reguläre Wahlen mit großer Mehrheit im Amt bestätigt. Unter Johnson werden im Rahmen des Great-Society-Programms umfangreiche soziale Reformen verabschiedet: durch den von ihm im Kongress durchgesetzten Civil Rights Act von 1964 wird die öffentliche Rassentrennung abgeschafft und die Gleichberechtigung der Afroamerikaner staatlich gewährleistet. Der Voting Rights Act erkennt Schwarzen und weiteren Minderheiten ausdrücklich das Wahlrecht zu. Sozialprogramme haben zur Folge, dass die Zahl der in Armut lebenden US-Bürger innerhalb seiner Amtszeit um fast die Hälfte reduziert werden kann. Die Verabschiedung der öffentlichen Krankenversicherungen Medicare und Medicaid sowie Reformen im Bildungswesen sind weitere Schwerpunkte. Allerdings wird die Präsidentschaft auch durch den Vietnamkrieg geprägt, gegen den sich zunehmend mehr und mehr Teile der Bevölkerung stellen, da es den US-Streitkräften vor allem aufgrund militärischer Fehleinschätzungen nicht gelingt, den Krieg gegen die kommunistischen Nordvietnamesen siegreich zu beenden. Dies führt auch unter den Menschen in den USA zu wachsenden Spannungen und teilweise heftigen Ausschreitungen. Außenpolitisch erzielt Johnson dennoch durch die Ratifizierung des Atomwaffensperrvertrags und die Konferenz von Glassboro Erfolge. 1968 verzichtet er auf eine weitere Kandidatur für die Präsidentschaft, obwohl diese zulässig gewesen wäre. In seinem letzten Amtsjahr lässt er Bombenangriffe in Vietnam zunächst reduzieren und dann ganz stoppen, nachdem er das Zustandekommen von Friedensverhandlungen mit vietnamesischen Kommunisten erreicht hat, die aber bis zu seinem Amtsende keinen endgültigen Durchbruch erreichen.

Zu ihrer Zeit richteten sich auch die folgenden Flügel auf, und zwar auf der rechten Seite, um ebenso die Herrschaft zu führen; unter ihnen gab es solche, die sie führten, doch sie verschwanden sofort wieder – 4Esr 11,20.

			46.	
				Spiro Agnew
Richard Nixon Ø (1913–1994)	Rep.	20. Januar 1969 9. August 1974	47.	nicht besetzt (zurückgetreten)

				Gerald Ford

37

Weil die von ihm gewählte Taktik der Flächenbombardements keinen Erfolg zeigt, sieht sich Nixon in Vietnam zu einem Friedensschluss gedrängt, der faktisch einer Kapitulation gleichkommt. Diese Situation zwingt ihn zu einer aktiven Entspannungspolitik und er unternimmt Gesprächsreisen nach Moskau und Peking. Die Nixon-Doktrin sieht einen Rückzug aus dem asiatischen Raum vor und definiert die Rolle der USA als die einer Ordnungsmacht im Hintergrund. Innenpolitische Leistungen sind die Gründung von Amtrak, der nationalen Wetter- und Ozeanbehörde und der Drogenverfolgungsbehörde. Außerdem gelingt den USA unter ihm die von Kennedy angekündigte Mondlandung. Letztlich ist der Name Nixon jedoch dauerhaft mit der Watergate-Affäre verbunden, die zum bisher einzigen Rücktritt eines Präsidenten geführt hat. Ein Jahr vor Nixon war bereits sein Vizepräsident Spiro Agnew zurückgetreten, als dessen Nachfolger wurde Gerald Ford ernannt.

Von ihnen erhoben sich einige, führten aber nicht die Herrschaft – 4Esr 11,21.

| Gerald Ford ↑ (1913–2006) | Rep. | 9. August 1974 20. Januar 1977 | 47. | nicht besetzt (aufgerückt) Nelson Rockefeller |  |

Ford ist der bisher einzige Präsident, der nie durch vom Volk bestimmte Wahlmänner gewählt oder bestätigt wurde. Sein Vorgänger als Vizepräsident, Spiro Agnew, tritt wegen einer Korruptionsaffäre zurück, Nixon ernennt Ford als Nachfolger. Als Nixon seinerseits zurücktreten muss, folgt Ford ihm in das Amt nach. Kontrovers ist die Begnadigung, die er Nixon für jegliches im Amt möglicherweise begangene Vergehen erteilt. Ford versucht erfolglos der Rezession und Inflation Herr zu werden. Außenpolitisch verzeichnet er mit einer Fortsetzung der Entspannungspolitik und der Unterzeichnung der Schlussakte von Helsinki 1975 Erfolge. In seine Amtszeit fällt außerdem der vollkommene Rückzug der USA aus Vietnam, als nordvietnamesische Truppen Saigon erobern und die letzten US-Amerikaner fluchtartig das Land verlassen. Eine angestrebte Wiederwahl Fords im November 1976 scheitert relativ knapp an seinem demokratischen Herausforderer Jimmy Carter.

Jimmy Carter (* 1924)	De-mokr.	20. Januar 1977 20. Januar 1981	48.	Walter Mondale	

Seit Hoover ist Carters Amtszeit die erste ohne offene kriegerische Auseinandersetzung, doch wird dieser Zustand durch eine oft widersprüchliche Außenpolitik erreicht, die in manchen Ländern den Eindruck einer „schwächelnden" Nation erweckt. Carter ist als Vermittler an den Verhandlungen zum Abkommen von Camp David I beteiligt und führt die SALT-II-Gespräche. Seine Bemühungen, die Geiselnahme von Teheran und die sowjetische Invasion Afghanistans durch nichtmilitärische Mittel zu beenden, schlagen jedoch fehl. Auch das innenpolitische Engagement im Bereich der Energie-, Bildungs- und Umweltpolitik bringt keine Wende in der Wirtschafts- und Gesellschaftskrise.

Ronald Reagan (1911–2004)	Rep.	20. Januar 1981 20. Januar 1989	49. 50.	George Bush	

Der überzeugte Antikommunist zielt mit einer massiven Aufrüstung darauf, den Kalten Krieg durch eine Verschiebung des „Gleichgewichts des Schreckens" zugunsten der USA zu beenden. Der Präsident zeigt sich auch sonst außenpolitisch wenig zimperlich, so in der Iran-Contra-Affäre und bei der Invasion in Grenada. Die von ihm betriebene Wirtschaftspolitik („Reaganomics") führt zwar zu steigendem Wohlstand, der aber vor allem auf Kosten eines Rekordhaushaltsdefizits generiert wird.

	**George Bush** (* 1924)	Rep.	20. Januar 1989 20. Januar 1993	51.	Dan Quayle 

41

Nach dem Zusammenbruch des Warschauer Paktes und infolge der zunehmenden Paralyse der Sowjetunion verkündet Bush die „New World Order" und befürwortet in diesem Zusammenhang auch die deutsche Wiedervereinigung. Während die UNO-Resolution 678 noch die völkerrechtliche Grundlage zur „Operation Desert Storm" liefert, findet die Invasion in Panama ohne internationale Zustimmung statt. Der Bruch seines Wahlversprechens („Read my lips: no new taxes") gilt als Hauptgrund für seine nicht erfolgreiche Wiederwahl.

	Bill Clinton (* 1946)	Demokr.	20. Januar 1993 20. Januar 2001	52. 53.	Al Gore 

42

Clinton widmet sich mit verschiedenen Reformen der Bekämpfung von Drogenmissbrauch, Waffengewalt und Armut. Zu seinen primären Zielen gehört die Senkung der Staatsverschuldung und die Einführung einer allgemeinen Krankenversicherung. Das Kyoto-Protokoll wird unterzeichnet und mit Gründung des NAFTA entsteht eine ausgedehnte Freihandelszone zwischen Kanada, den USA und Mexiko. Während er eine Politik der Aussöhnung mit den ehemaligen Feinden China und Russland betreibt und das Dayton-Friedensabkommen vermittelt, entsteht mit Al-Qaida eine neue Gefahr für die Sicherheit des Landes. Das Ende seiner zweiten Amtszeit ist überschattet vom „Platzen der Dotcom-Blase" und der Lewinsky-Affäre, in deren Folge ein erfolgloses Amtsenthebungsverfahren gegen Clinton eingeleitet wird.

George W. Bush (* 1946)	Rep.	20. Januar 2001 20. Januar 2009	54. 55.	Dick Cheney	

43

Nach den Terroranschlägen vom 11. September verkündet Bush den Krieg gegen den Terror und erlässt mit dem USA PATRIOT Act die entsprechende gesetzliche Grundlage zur Terrorabwehr, verbunden mit Einschränkungen der Bürgerrechte. Innenpolitisch ist die Gründung des Ministeriums für Innere Sicherheit ein weiterer Schritt, während er außenpolitisch eine Reihe von Kriegen gegen die sogenannten Schurkenstaaten führt. Dazu zählen bewaffnete Auseinandersetzungen mit den Taliban und der Kampf gegen Saddam Hussein, der durch eine „Koalition der Willigen" im Irakkrieg geführt wird. Doch weder diesen Kriegen noch der Suche nach Osama bin Laden oder der endgültigen Zerschlagung des Al-Qaida-Netzes ist echter Erfolg beschieden. Zeigte die Bush-Doktrin noch die unilaterale Einstellung des Präsidenten, so mehren sich zum Ende der zweiten Amtszeit die Anzeichen, dass die politische Ausrichtung in die Völkerkreise der UNO und NATO zurückweist.

Innenpolitisch endet seine Präsidentschaft in der größten Finanzkrise seit der Great Depression von 1929. Aufgrund immenser Verluste am Immobilienmarkt kam es an den Börsen weltweit zu Verwerfungen, in folge derer eine Reihe Finanzinstitute (u. a. *Lehman Brothers*) in die Insolvenz gingen.

Barack Obama (* 1961)	De-mokr.	20. Januar 2009 20. Januar 2017	56. 57.	Joe Biden	

Barack Obama war der erste afroamerikanische Präsident der Vereinigten Staaten … Er übernahm das Amt während einer globalen Finanzkrise und setzte als eine seiner ersten Amtshandlungen ein Konjunkturprogramm mit einem Volumen von 787 Milliarden Dollar durch. 2009 wurde ihm für seine außergewöhnlichen Bemühungen, die internationale Diplomatie und die Zusammenarbeit zwischen den Völkern zu stärken, der Friedensnobelpreis verliehen. Im Frühjahr 2010 setzte er eine großflächige und umstrittene Gesundheitsreform um, die erstmals Millionen US-Amerikanern Zugang zur Krankenversicherung gewährleistete. Am 1. Mai 2011 konnte er die Tötung des seit Jahren gesuchten Terroristen Osama bin Laden durch eine US-Kommandoeinheit verkünden. Im November 2012 wurde Obama für eine zweite Amtszeit bestätigt. Im Frühjahr 2015 suchte Obama nach über 50 Jahren diplomatischer Krise den Kontakt zu Kuba und verbessert maßgeblich die politischen Beziehungen. Auch bei den Atomverhandlungen mit dem Iran war er um einen Ausgleich bemüht und es gelang ihm, ein entsprechendes Abkommen zu erzielen. Vor allem zum Ende seiner Amtszeit war Obama besonders um den Klimaschutz bemüht. So unterstützte er internationale Vereinbarungen zum globalen Klimaschutz. Das Ergebnis seines Einsatzes für den Klimaschutz war ein internationales Klimaschutzabkommen, welches von fast allen Staaten der Erde bei der UN-Klima-konferenz in Paris 2015 unterzeichnet wurde. Auch innenpolitisch setzte er umweltpolitische Akzente, vor allem durch den Clean Power Plan, der das erste Mal in der US-Geschichte verbindliche Vorgaben für Unternehmen zur Reduzierung des CO_2-Ausstoßes vorgibt.

Danach waren zwölf Flügel und zwei Unterflügel verschwunden – 4Esr 11,22

1.1.9 Die Zeit der drei Köpfe des Adlers

Aufgrund der Reihenfolge der Adlervision sind die zwölf Flügel und die zwei Nebenflügel bereits abgelaufen. Der mittlere Kopf des Adlers ist zu einer Zeit zu erwarten, die auch aus Sicht der wiederentdeckten biblischen Zeitrechnung in Siebenern von besonderem Interesse ist. Am 01.07.2016 wurde eine Prognose veröffentlicht:

> Was ging denn dem Ende der Sieben Zeiten, die wir 7x365 Jahre nach 539 v. u. Z. für 2016 lokalisiert haben, … vorweg? … Wiederholt sich das Mene Tekel und Parsin demnächst am wiedergekehrten Staat Israel? Wir müssen hier Klartext reden! Wird es am projüdischen Einfluss auf den amerikanischen Kongress eine entscheidende Veränderung geben, oder wird dem großen Bruder eine entscheidende Veränderung treffen, vielleicht ab den nächsten Präsidentschaftswahlen?[25] Irgendetwas Bedeutendes wird sich zeigen und wer immer dann ein Standortproblem bekommt, wird es schnell lösen müssen! Adressat ist immerhin „mein Volk", d. h. Gottes Volk.[26]

Diese Herleitung basierte auf dem antiken Vorbild des Menetekels in Daniel 6 und deren Jubiläum nach sieben Sonnenzeiten! Daraufhin wurden zeitliche Problemzonen auf unsere Zeit übertragen. Die 1. Zone sind 3 ½ Jahre von 2017 bis 2020, die eng mit dem Sturz von Babylon die Große[27] in Verbindung gebracht wurde (1. Grafik). Die 2. Zone wendet die 2300 Tage in Daniel 8 als eine Erweiterung der 3 ½ Zeiten/Jahre um 3 Zeiten/Jahre (Dan 7,12.25) in der ersten Vision Daniels an (2. Grafik). Die 3. Zone zieht eine Verlängerung um 3 ½ Zeiten in Jahrwochen ab dem Menetekel in Betracht.

---

[25] Am 8. November 2016 wird in den Vereinigten Staaten von Amerika gewählt. Der Kandidat Donald Trump ist nach einer Schlagzeile „Der Anti-Politiker, der US-Präsident werden will" – Fokus Online (20.06.2016).
[26] BZB Biblische Zahlenwerte und ihre Bedeutung. Antworten aus Sicht der biblischen Chronologie. (6.1.10 Ein Menetekel für uns) *Harald Schneider*
[27] BZB II (9.1.5 Babylon und Babylon die Große) ein historischer Vergleich

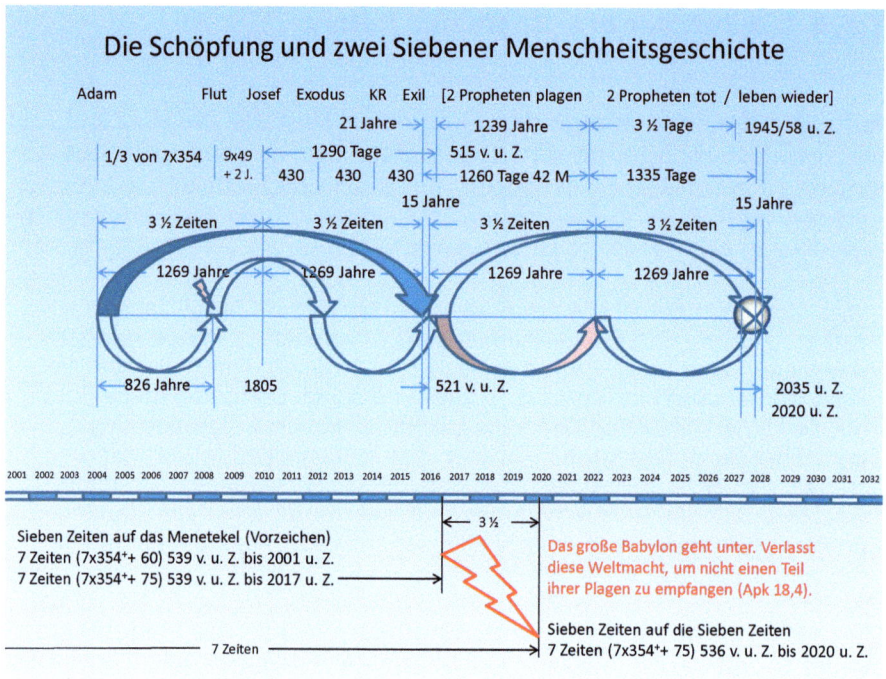

Die Schöpfung und zwei Siebener Menschheitsgeschichte

Diese Zeiten unterliegen gestalterischen Aspekten der Vorzeit:

1. Dem Menetekel als Vorzeichen
2. Den Ablauf der 70 Jahre des Jeremia, 3 ½ Jahre nach dem Machtwechsel
3. Bis zum Tempelbaubeginn nach dem Machtwechsel an Darius

Geschehen am Ende des ersten Siebeners zeichnen ein Vorbild für Geschehen am Ende des zweiten Siebeners als Zeitrechnung, vor deren Ende wir heute stehen! Als Vorarbeit wurden die hohen Lebensalter vor der Flut und die Rückkehrsituation Judas aufgeklärt.

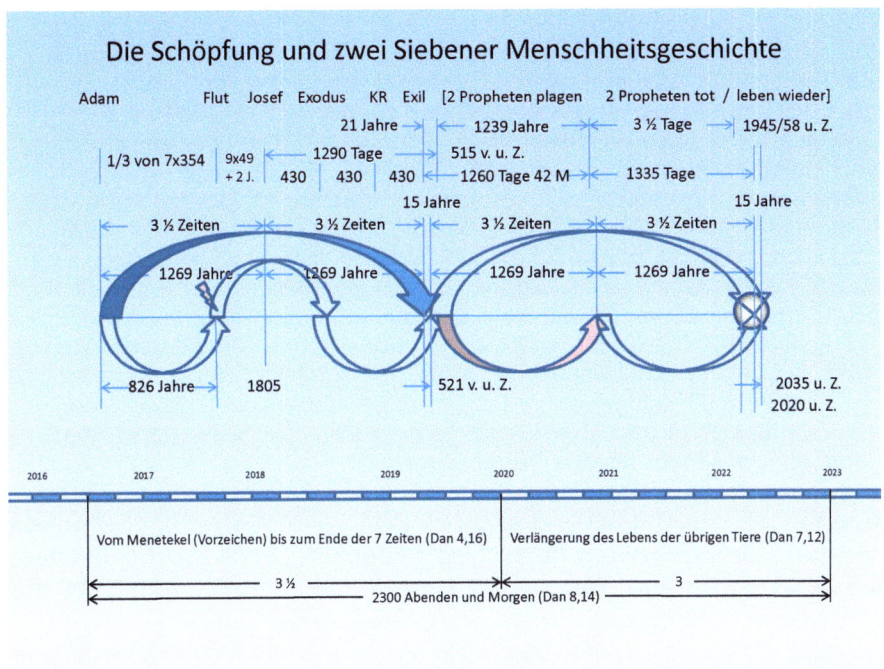

Die Schöpfung und zwei Siebener Menschheitsgeschichte

Diese Vorausschau kann als möglicher Zeitrahmen für den Teil der Köpfe in der Adlervision herangezogen werden. Immerhin steht die Zurechtweisung des Adlers durch einen Löwen mit dem Ablauf der Zeiten in Zusammenhang.

Der Höchste sah, das seine Zeiten zu Ende und seine Welten vollendet waren. Adler, du musst verschwinden, deine furchtbaren Flügel, deine elenden Nebenflügel, deine bösen Köpfe, deine schlimmen Krallen und dein ganzer verruchter Körper, damit sich die Erde erholt und befreit von deiner Gewalt zur Ruhe kommt, um auf das Gericht und das Erbarmen ihres Schöpfers zu warten – 4Esr 12,44-46.

Was hat die Adlervision für diese Zeit zu bieten? 4. Esra 11,22-32:

22 Danach waren zwölf Flügel und zwei Unterflügel verschwunden 23 und am Körper des Adlers blieb nichts übrig, ausgenommen sechs Unterflügel. 24 Von den sechs Unterflügel sonderten sich zwei ab, gingen hin und blieben bei dem Kopf, der auf der rechten Seite war; die vier jedoch blieben an ihrem Platz. 25 Diese Unterflügel gedachten, sich zu erheben und die Herrschaft zu führen. 26 Der Erste erhob sich, verschwand aber sofort; 27 so auch der Zweite, er verschwand noch schneller als der Erste. 28 Die Zwei, die von ihnen noch übrig waren, gedachten ebenso zu herrschen. 29 Während sie aber gedachten erwachte einer der ruhenden Köpfe, es war der mittlere, der größer war als die beiden Köpfe. 30 Ich sah, wie er die beiden Köpfe miteinander vereinigte. 31 Der Kopf wandte sich mit denen um, die bei ihm waren und verschlang die zwei Nebenflügel, die zu herrschen gedachten. 32 Dieser Kopf hielt die ganze Erde in seiner Gewalt, unterdrückte ihre Bewohner mit großer Bedrängnis und führte eine Gewaltherrschaft über die Erde mehr als alle Flügel zuvor.

Wenn sich zwei Unterflügel abgesondert, zwei Unterflügel erhoben und zwei Unterflügel zu herrschen gedenken, erwacht der mittlere Kopf und verschlingt mit seinen Helfern die zwei zu herrschen gedenkenden Unterflügel. Um wenn handelt es sich dabei?

Der Kopf ist erwacht, hat gegen die Palästinenser aggressiv durch seine Nahostpolitik eine Zweistaatenlösung abgeschlagen, indem er am 70. Jahrestag des Staates Israel provokativ die US-Botschaft in Ostjerusalem eröffnen lies. Wie hat er das gemacht? Ich sah, wie er die beiden Köpfe (Trump c/o Netanjahu) miteinander vereinigte. Der Kopf wandte sich mit denen um, die bei ihm waren und verschlang die zwei Nebenflügel, die zu herrschen gedachten – 4Esr 12,30-31.

Mit Nethanjahu vereint geht Trump gegen den Iran vor, indem er eine verbindliche Vereinbarung kippte um den Iran durch Sanktionen zu isolieren, um letztlich an seine Bodenschätze zu gelangen. Unter Vorwänden wird er mit Israel die Aggressionen gegen den Iran fortsetzten. Sowohl die Palästinenser als auch die Iraner standen im Begriff, ihre Herrschaft als Nebenflügel anzutreten!

	Donald Trump (* 1946)	Rep.	seit 20. Januar 2017	58.	Mike Pence	

Mit dem Immobilienunternehmer, Entertainer und Milliardär Trump gelang erstmals einem Kandidaten die Wahl zum Präsidenten, der niemals zuvor ein politisches oder militärisches Amt bekleidet hatte; mit 70 Jahren war er außerdem der älteste Präsident bei Amtsantritt. Zwar konnte seine demokratische Konkurrentin Hillary Clinton knapp drei Millionen Stimmen mehr erringen, Trump gewann aber aufgrund des Wahlsystems eine Mehrheit der Wahlleute im Electoral College.[4] Er gewann nach einem stark polarisierenden Wahlkampf unter dem Motto „Make America Great Again"; sein Wahlgewinn wird teilweise sowohl von ihm selbst wie auch von Beobachtern und Kommentatoren als „Zeitenwende" sowohl für die USA wie auch global eingeordnet und führte zu umfangreichen Protesten. Er stellte die Politik seiner Regierung in der Rede zu seiner Amtseinführung unter den Slogan „America First". In der Klimapolitik vollzieht er im Vergleich zu seinem Vorgänger eine Kehrtwende, ebenfalls steht er internationalen Abkommen kritisch gegenüber, da er in diesen Nachteile und Einschränkungen für die USA sieht. Seine Wirtschaftspolitik orientiert sich an Ronald Reagans „Reaganomics".

Quelle: Wikipedia, Liste der Präsidenten der USA

Provokant wurde am 70. Jahrestag des Staates Israel (14.05.2018) die nach Ostjerusalem verlegte US-Botschaft eröffnet. Trump kündigte das Iranabkommen seines Vorgängers auf und fördert mit Israels Regierungschef Netanjahu die Aggression gegen den Iran. Er legte dem Iran eine nicht erfüllbare neue Vereinbarung vor (21.05.2018).

Zwei Nebenflügel, die zum rechten Kopf abgewandert sind und erst später in Aktion treten, können lokalisiert werden, wenn die Identität dieses dritten Kopfes geklärt ist!

Ist der dritte Kopf das Vereinigte Königreich, das gerade aus der Europäischen Union aussteigt (Brexit) und als Teil einer angloamerikanischen Führungsriege auftritt? Die enge Zusammenarbeit ist nicht unbekannt, z. B. im Golfkrieg gegen den Irak. Aber so weit brauchen wir garnicht zurückzugehen. Jüngste Anschläge gegen einen ehemaligen Spion und seine Tochter, die zwischenzeitlich genesen sind, wurden als Mittel ins Feld gerückt, Russland als mutmaßlichen Anschlagstäter *gegen die Nato* zu sensibilisieren. Eine Mitwirkung Russlands bei der Aufklärung wurde abgelehnt. In der Adlervision werden zwei Köpfe (Benjamin Netanjahu & Theresa May?) mit dem mittleren, größeren Kopf (Donald Trump) vereint.

Die zwei abgesonderten Flügel könnten so für Frankreich (Macron) und Deutschland (Merkel) stehen. Macron macht sich für Europa stark und Merkel knackt die Isolation Russlands auf, indem sie das Gespräch mit Präsident Vladimir Putin sucht.

Europa geht auch wegen der US-Handelszölle zu Trump auf Distanz und will die Vereinbarung mit dem Iran aufrechterhalten. Die ganze Welt verurteilt das unangemessene Vorgehen Israels gegen Palästinenser im Gasastreifen, wo am 14.05.2018 über 60 Menschen getötet und 2700 verletzt wurden. Die USA blockieren mit ihrem Veto eine unabhängige Untersuchung dieser Vorgänge, bei der ihre beispiellose Provokation eine Hauptrolle spielte.

Trumps „Amercan First", dass er „not alone" durchziehen will, wurde in der Adlervision mit dem großen und den zwei kleineren Köpfen dargestellt, die am Umgang mit den zwei Flügeln, die gerade zu herrschen gedachten, an ihren vielen Neuerungen und an ihrer Schreckensherrschaft erkannt werden können.

Zum Herrschen erhob sich 2016 Recep Tayyip Erdogan (Türkei), der einen Putschversuch gegen ihn nutzte, um seine Macht erheblich auszubauen. Trumps Militärschläge gegen Syrien richteten sich gegen B al-Assad, der sich zum weiterherrschen erhob. Kim Jong Un (Nord-Korea) bietet durch Erfolge in seinem Raketenprogramm den Drohungen der USA (seit Busch) die Stirn. Kim Jong Un blieb trotz der Sanktionen gegen sein Land souverän.[28]

Wie ist die ideologische Mitte des Adlers entstanden?

> Die gehörte Stimme, die nicht von den Köpfen, sondern aus seiner Körpermitte ausging, hat eine Begründung – 4Esr 12,17

Auch wenn unter Trump der Frevel auf die Spitze getrieben wird, ist dieser in Wirklichkeit nicht neu. Er forciert lediglich eine Einstellung des Adlers, die auch schon zurzeit Abraham Lincolns vorherrschend war. Amerika wurde von Einwanderern besiedet, die die Indianer enteigneten und verdrängten. Kein Vertrag mit den Indianern wurde eingehalten. Feudalherren erhoben sich und unterdrückten eingekaufte Sklaven. Die Fortentwicklung der Vereinigten Staaten durch Eroberung und Unterdrückung wurde mit dem abgewendeten Zerfall nach dem Sieg über die Südstaaten nicht etwa abgeschafft. Der Feudalismus bekam aber ein neues Gewand. Die Kräfte verlagerten sich weg von der Sklaverei zu Unterdrückungen anderer Formen, wie dem noch heute vorherrschenden Rassismus. Es bildeten sich Geheimbünde zu Sicherung der Rechte der Weißen und der Rassismus und Nationalismus wurde von Organisationen (NGO`s) gefördert. Der ausgeprägte Patriotismus zum Erhalt von Land und die Waffen als Mittel bekamen eine Schlüsselstellung wie in keinem anderen

---

[28] Donald Trump hat in einer Rede angekündigt: „Und am 12. Juni werde ich mich in Singapur mit Kim Jong Un treffen, um eine Zukunft des Friedens und der Sicherheit anzustreben, für die ganze Welt." – vgl. 1Thes 5,3 (In einer launischen Wackelpartie, aber bereits geprägten Gedenkmünzen)

Land der Welt. Recht auf ein Land hatte letztendlich nur, wer auch stark genug war, es zu verteidigen. Organisiertem Verbrechen und Korruption wurden die Wege bereitet!

Die Flügel bekamen von der Mitte dieses Leibes aus Weisung, von ihrem Platz aus zu herrschen, d. h. aus den Zeiten der Eroberung von Land, des bedrückenden Feudalismus und des kriegerischen Pariotismus zum Erhalt der Nation. Das Modell der Eingliederung der Gebiete zu den heutigen Vereinigten Staaten ist auch das Modell für deren Streben nach Weltherrschaft! Mit diesem Selbstverständnis agierte auch der Adlerleib, als er unter einem Vorwand in den ersten Weltkrieg eintrat und damit die Grundlage für seine Vormachtstellung legte. Europa war durch den Krieg geschwächt. Dann kam die Inflation, die in Wirklichkeit eine Deflation war. Die Weltwirtschaftskrise ging 1929 von der US-Börse aus.

Aus dieser Krise geboren, begannen die Flügel hintereinander die Welt zu beherrschen. Stetig versuchten sie ihren Einfluss auf andere Regierungen und deren Gebiete, deren Handelseinfluss und deren Bodenschätze zu vergrößern. Diese imperialen Bestrebungen der Vereinigten Staaten sind nicht neu und deren Sicherheitsbedürfnisse nur dann gestillt, wenn der Rest der Welt genauso machtlos ist, wie es die Indianer in den Reservarten wurden. Trump strebt mit seinem „American first" die Vollendung der US-Geschichte an!

Trump hat die Methoden deutlich radikalisiert. Claus Heilverscheidt (NY) stellt in der Süddeutsche Zeitung (26.05.2018) fest:

Die Weltordnung von einst gibt es nicht mehr.

… Es ist dieses Hin und Her, dieser dauernde Versuch Trumps, die mühselige politische Kleinarbeit durch kurzzeitige Spektakel zu ersetzen, die das Regieren für seine Amtskollegen in allen Erdteilen heute so schwierig macht und die Weltordnung zunehmend auf den Kopf stellt. Jahrzehntelang war jenes Konstrukt, das einmal "der Westen" genannt wurde, geprägt von Zusammenarbeit, Berechenbarkeit und Vertrauen. Ein gegebenes Wort galt, Verträge wurden eingehalten. Seit Trumps Wahlsieg jedoch zerbröselt diese Ordnung, an ihre Stelle tritt eine Ad-hoc-Politik, bei der die Launen eines Einzelnen die kollektive Vernunft ersetzen. Es herrschen das Recht des Stärkeren und der Primat des raschen "Siegs". Kompromisse zu schmieden, das Kerngeschäft der Demokratie, wird als Schwäche diskreditiert.

Was sagt die Adlervision über die Zukunft des mittleren Kopfes?

Danach verschwand der mittlere Kopf plötzlich, so wie (zuvor) die Flügel – 4Esr 11,33
Dass der große Kopf verschwindet, bedeutet: einer von ihnen wird auf seinem Bett unter Qualen sterben – 4Esr 12,26

Hier wird eine noch zukünftige Geschichte geschrieben! Der letzte Stand der neuen biblischen Chronologie spiegelte den Tod des Seleukos als letzten Vertreter der Diadochen 2300 Jahre später mit dem Abschluss der Übergabe des Heilgtums (Dan 8) auf den dann herrschenden König des Nordens. Seleukos wurde vergiftet. Ein Zusammenhang zu Israel wird mit dessen Neuexistenz und mit dieser Übergabe historisch sichtbar.

Besondere Spannung erzeugt der Umstand, dass zum Jubiläum des Menetekels von 539 [v. u. Z.] Jesu Voraussage über stürmische Meere 2017 aufschlug und nach 3 ½ verkürzten Zeiten für 2020/21 ein Eingriff erwartet wird (Dan 7). … Die Eroberungen Seleukos und seine Ermordung 281 v. u. Z. stoßen 2300 Jahre später im Jahr 2020 u. Z. auf. Diese Vision (Dan 8) ist somit als ein eigener Strang zukünftiger, biblischer Chronologie aufzufassen, der in eine Epoche (Zeit des Endes) mit einer Zählung bis zum Tod des Königs des Nordens in der Neuzeit aufschlägt.[29]

Was sagt die Adlervision über die Zukunft der verbliebenen Köpfe?

---

[29] BZBII, Einl. S. 3, 108 (9.1.11 Das Heiligtum und die Vision in Daniel 8)

Übrig blieben aber zwei Köpfe, die nun ebenso über die Erde und ihre Bewohner herrschten. Der Kopf auf der rechten Seite verschlang den linken – 4Esr 11,34.35

Die Zwei anderen wird das Schwert fressen, das Schwert des einen seinen Gefährten, doch auch dieser wird in der letzten Zeit unter dem Schwert fallen – 4Esr 12,27.28

Was sagt die Adlervision über die Zukunft der letzten Nebenflügel?

Zwei Nebenflügel, die zu dem Kopf auf der rechten Seite übergehen, haben eine Begründung: Diese hat der Höchste für sein Ende aufbewahrt. Ihre Herrschaft wird schwach und voller Wirren sein – 4Esr 12,29.30

Was sagt die Vision über die Zurechtweisung des Adlers?

Als Viertes hast du alle vorigen Tiere besiegt, die Schreckensherrschaft über die Welt geführt und die Erde lange Zeit mit deiner Hinterlist gequält, und die Erde nicht mit Wahrheit gerichtet. Du hast Sanfte gequält, Ruhige verletzt, Aufrichtige gehasst und Lügner geliebt. Fruchtbringenden hast du die Häuser zerstört und die Mauern derer, die dir nichts Böses taten, eingerissen. Deine Schmähung stieg zum Höchsten auf und dein Hochmut zum Gewaltigen. Der Höchste sah, das seine Zeiten zu Ende und seine Welten vollendet waren. Adler, du musst verschwinden, deine furchtbaren Flügel, deine elenden Nebenflügel, deine bösen Köpfe, deine schlimmen Krallen und dein ganzer verruchter Körper, damit sich die Erde erholt und befreit von deiner Gewalt zur Ruhe kommt um auf das Gericht und das Erbarmen ihres Schöpfers zu warten – 4Esr 11,37-46

Trump droht ständig mit seiner militärischen Macht. Ein Offizier hält für Trump ständig einen Koffer für den Abschussbefehl atomarer Waffen bereit. Allein dieses Verhalten verdient die Bezeichnung Schreckensherrschaft! Aber auch innerhalb des eigenen Landes ist diese Bezeichnung berechtigt. Wenn ein weißer Polizist einen schwarzen Mann hinterrücks tötet und das gefilmt wurde, wird er versetzt oder vielleicht suspendiert. Die meisten US-Todesurteile werden gegen schwarze Männer verhängt. Diese Vorgänge scheinen sich zu verschärfen. Misshandlungen in den Gefängnissen sind an der Tagesordnung.[30] Durch Sanktionen oder unterstützte Kriege leiden gegenwärtig Millionen unschuldiger Menschen. Die UN ist überwiegend zum Spielball der Vereinigten Staaten geworden, die sich selbst über vieles, wie die Zweistaatenlösung Palästinas und den Vertrag mit dem Iran hinwegsetzten.

Welche Parallelen bestehen zwischen Daniel 7 und 4. Esra 11-12

Der Adler, den du vom Meer aufsteigen sahst, ist das vierte Reich, das in einer Vision deinem Bruder Daniel erschienen ist – 4Esr 12,11.

Diese direkte Bezugnahme auf Daniel in der Deutung der Adlervision ist unmissverständlich. Wenn von einem vierten Tier gesprochen wird, ist die Vision in Daniel, Kapitel 7 gemeint.

Die bekanntesten Deutungen aus dem ersten Jahrhundert und davor (auch von Martin Luther 1545 vertreten) zeigen die an den visionären Traum Nebukadnezars in Daniel 2 angelehnte *Abfolge* von Regierungsgewalten. … Babylon, Medo-Persien, Griechenland, Rom … Diese weit verbreitete Gleichsetzung hat jedoch einen Haken! Sie ignoriert den eingeschränkten Fortbestand der drei ersten Tiere über das vierte Tier hinweg (Dan 7,12).[31]

Zu dieser Zeit sah ich wegen der schallenden großen Töne, die das Horn redet mit, bis das Tier getötet und sein Leib vernichtet wird – zum brennenden Feuer hin. Den übrigen Tieren wird gerade die Herrschaft

---

[30] Zur Terrorabwehr werden Foltergefängnisse in einem rechtsfreien Raum gehalten und besitzen so hohe Selbstmordraten, dass die Frage berechtigt ist, wie viele davon Hinrichtungen oder Tod infolge akzeptierter US-Foltermethoden waren.

[31] BZB I, Seite 135 (5.3.7 Vier Tiere und ein Königreich)

entzogen, aber eine Verlängerung des Lebens für eine Zeit und einen Zeitabschnitt eingeräumt – Dan 7,11.12.

Diese Tiere/Regierungen existieren gleichzeitig! In der Adlervision wird gesagt, dass niemand dem Adler widersprach, „auch nicht eines von den Geschöpfen auf der Erde"– 4Esr 11,6b *(Schreiner)*.

> „Vier große Tiere entsprechen vier Königen, die von der Erde aufstehen. Aber die Heiligen des Allerhöchsten werden das Königreich empfangen, ja in Besitz nehmen für alle Zeiten, von unabsehbare Zeit auf unabsehbare Zeiten." – Dan 7,17-18

Die Adlervision behandelt die individuelle Geschichte des Siegers um Weltherrschaft vor dem Ende der Zeiten und bringt diesen mit dem vierten Tier in Daniel in Verbindung.

> Der Höchste redet zu dir: Bist du nicht von den vier Tieren übriggeblieben, die ich gemacht hatte, damit sie in meiner Welt herrschten, dass durch sie das Ende meiner Zeiten komme? – 4Esr 11,39

Dieses vierte Tier in Daniel hat eine eigene Entwicklung, deren Beschreibung nicht mit der Entwicklung des Adlers übereinstimmt! Eine schlichte Gleichsetzung ohne eine Hinterfagung ist deshalb nicht ratsam. Erst das Horn auf dem Tier, das große Töne spukt, kann mit dem mittleren Kopf des Adlers identifiziert werden. Dieser Blick auf das Tier aus Sicht der Adlervision ist aber völlig neu!

Auch der Vorgang, dass dieses Horn drei Hörner vor sich her ausreisst zeigt, dass das gewaltige Tier nur noch von einem Horn beherrscht wird, das mit seinem Maul twittert und sämtliche diplomatische Bemühungen unterwandert. Es ignoriert Zusammenschlüsse und beansprucht die Alleinherrschaft über dieses gewaltige Tier!

Mit dem vierten Tier ist folglich nicht das Amerika (der Adler) angesprochen, sondern eine von diesem Horn beanspruchte Autorität über ein Tier, zu dem auch andere Nationen (10 Hörner) gehören und über die auch anderen Länder (3 Hörner) Führungsansprüche geltend machen, welche aber offensichtlich ignoriert werden!

Seit Mai 2018 verdichten sich Zusammenhänge, die zuvor besten-falls allgemein, aber nicht so spezifisch wahrgenommen werden. Ein Kopf (Trump), der sich mit zwei Köpfen (Netanjahu/May?) verbün-det hat, will die totale Weltherrschaft erzwingen. Wir müssen die Gemeinsamkeiten aber auch die Unterschiede in den Visionen er-kennen. Esras Vision wurde anders gedeutet:

> So lautet die Deutung deiner Traumvision: Der Adler, den du vom Meer aufsteigen sahst, ist das vierte Reich, das in einer Vision deinem Bruder Daniel erschienen ist. Es wurde ihm aber nicht so gedeutet, als ich es jetzt dir deuten werde. Tage kommen, in denen sich ein Reich auf der Erde erhebt, schrecklicher als alle vorherigen Reiche – 4Esr 12,10-13.

Daniels Vision mit einem ungewöhnlich starken Tier aus Eisen, das alles mit seinen Füßen zertritt, mag schon an das antike Rom erin-nert haben.[32] Aber das Horn mit eigenen Augen und einem eigenen Mund auf diesem Tier (Dan 7) hatte, was seine Rolle angeht, erst 640 Jahre späteren in der Apokalypse des Johannes seine Paten-schaft, in der eine Hure Namens Babylon die Große ein Tier mit zehn Hörnern reitet und das Blut der Heiligen trinkt (Apk 17-18). Ame-rika, das Land der Sektierer, ist auf religiösem Gebiet fundamenta-listisch geprägt und der Schicksalsglaube fördert die Bereitschaft der Gläubigen, für ihr Land das Leben zu geben. Zu den spiritistischen Bräuchen gehört auch ein sonderbarer Totenkult, ein bezwungenes Land nicht mehr aufzugeben, da ja sonst Amerikaner umsonst ge-storben wären. Das anstehende Gericht an Babylon ist insofern ein Gericht Gottes an die jetzige Regierung der Vereinigten Staaten. Die

---

[32] Ein Horn mit zwei Augen und einen Mund erinnert an die Fortführung des alten Babylons durch Kyros c/o Kambyses am Ende des ersten Siebeners, so wie am Ende des zweiten Siebeners der Adler übernommen hat.

enge Zusammenarbeit mit Israel ist dabei besonders heikel. Sie werden in Daniel den „Söhnen der Räuber" zugeordnet, die „eine Vision wahr werden lassen wollen" – Dan 11,14.

In 4. Esra ist der rechte Kopf, der den linken verschlingt sogar in gewisser hinsicht beteiligt. Gottes Volk könnte Schaden nehmen, wenn es die geographischen Gefahrenbereiche nicht vorher verlässt (Apk 18,4). Der Adler in der Esra-Apokalyse wird letztlich als Ganzes in Flammen aufgehen.

Der zum 1. Juni losgetretenen Handelskrieg gegen Europa geht einem wirklichen Krieg voraus!

Wichtig ist die Rolle des Heiligtums, das bis 2020 übergeben wird – *siehe* Das Heiligtum und die Vision in Daniel 8

Eine neue Diskussion um die Identität von „Babylon die Große" ist für unsere Gegenwart dringend anzuraten!

Was sagt die Adlervision über das Gericht?

> Der Löwe, der aus dem Wald mit Gebrüll auffuhr und dem Adler seine ungerechten Taten vorhielt, die du gehört hast. Diesen König aus den Nachkommen Davids hat der Höchste bis zum Ende für sie und ihre Gottlosigkeit aufbewahrt. Er wird sie lebendig vor das Gericht stellen und wenn er sie überführt hat, wird er sie vernichten.– 4Esr 12,31-33

1.2.1 Parallele Überlieferungen zur Adler-Vision

Mit Blick auf die von Daniel bekannten Visionen der Nacht, in der vier Tiere aus dem Meer aufstiegen und letzteres vor Gericht gestellt und vernichtet wird, bietet die Adlervision des Schealtiel mit seinen markanten Erkennungsmerkmalen eine echte Steigerung in der Identifikation des vierten Tieres. Nach diesem Tier ist der zweite Teil des zweiten Siebeners Menschheitsgeschichte benannt worden, dem lebenden Geschöpf mit dem Angesicht eines Adlers. Nun gibt es aber noch eine Überlieferung über das vierte Tier Daniels, die eine Nähe zur Adlervision des Schealtiels aufweist! Es ist schon länger bekannt, dass die syrische Baruch-Apokalypse Sachverhalte beschreibt, die mit anderen Bildern auch in der Adlervision transportiert werden. Diese Überlieferung ist in Zusammenhang mit der Adlervision besonders wertvoll, weil die Beschreibungen Baruchs letztlich weitere Kenntnisse über den Adler beisteuern.

> Das bunte Gewirr von Querverbindungen unabhängig von der Textfolge macht die Annahme einer ausschließlich wirksamen Vorlage (des älteren Buches, sei es 4. Esra oder BarApk(syr)) eher unwahrscheinlich.[33]

Beide Schriften schöpfen Offenbarungsgut, dass, wie 4. Ersa gezeigt hat, eine präzise Auflösung möglich machen kann.

Der Löwe, der aus dem Wald aufschreckt (4Esr 11,37-45) hat eine parallele Überlieferung in ApkBar*(syr)* 36,1-7 und deren Deutung (4Esr 12,31-34) eine Entsprechung in ApkBar*(syr)* 39,8 - 40,3, wo ein Weinstock zu einer übriggebliebenen Zeder spricht. Umseitig sind diese Stellen aus der *„Synopse des Vierten Buches Esra und der Syrischen Baruch-Apokalypse"* von *Klaus Berger* zitiert.

---

[33] *Klaus Berger* Synopse des Vierten Buches Esra und der Syrischen Baruch-Apokalypse (1992), Einführung, Seite 9

rechts **4Esr 11,37-45**
links **ApkBar 36,7-11**
übersetzt **Klaus Berger**

(7) Und ich sah, und siehe, jener Weinstock öffnete seinen Mund und er *redete* und *sagte* zu jener *Zeder: Bist du nicht die Zeder, die von dem Wald des Bösen übrig geblieben ist?* Durch deine Hand wurde das Böse stehend und wurde gewirkt alle diese Jahre hindurch, und Gutes niemals. Und du *gelangtest zur Macht über* das, was dir nicht gehörte; auch hast du dich dessen, was dir gehörte, *niemals erbarmt.* (8) Und du dehntest deine Macht aus über die, die fern von dir waren, und die, die dir nahe kamen, *brachtest du durch die Netze deines Frevels in deine Gewalt,* und so überhobst du dich zu jener Zeit, als ob du nicht entwurzelt werden könntest. (9) *Jetzt aber ist deine Zeit herangeeilt und deine Stunde ist gekommen.* (10) So *gehe nun auch du,* Zeder, hinter dem Wald her, der vor dir weggegangen ist, und werde mit ihm zu Sand, und euer Staub mische sich zusammen. (11) Und so schlaft denn jetzt in Drangsal und ruht aus in Qual, bis deine letzte Zeit kommt, in der du wieder kommst und noch mehr gepeinigt werden wirst.

(37) Und ich sah, und siehe, (es war) wie ein *Löwe,* der aus dem Wald aufgeschreckt und brüllt, und ich hörte, wie er eine Menschenstimme von sich gab zum *Adler* hin und so *sagte:* (38) Höre du, und ich will zu dir reden, und (so) spricht der Höchste zu dir: (39) *Bist du es nicht, der übriggeblieben bist von den vier Tieren,* die ich gemacht hatte, über meine Welt zu *herrschen,* und daß durch sie komme das Ende meiner Zeiten? (40) Und das vierte kam und besiegte alle Tiere, die vorübergegangen waren, und es hatte die *Macht* inne (über) die Welt mit vielem Zittern und den ganzen Erdkreis mit schlimmster Mühsal, und sie haben bewohnt so viele Zeiten den Erdkreis mit List (41) und du hast die Erde gerichtet nicht mit Wahrheit. (42) Denn du hast die *Sanften gequält* und die *Stillen verletzt,* du hast *gehaßt die Wahres sagten* und *geliebt die Lügner,* und du hast die *Häuser* derer *zerstört,* die Frucht brachten, und hast die Mauern derer *niedrig gemacht,* die dir nicht geschadet haben. (43) Und deine Schmährede stieg auf zum Höchsten und dein Stolz zum Starken. (44) Und es hat der Höchste seine Zeiten angesehen, und siehe, sie *waren beendet,* und seine Jahrhunderte sind erfüllt. (45) Deswegen *wirst du ganz und gar nicht (mehr) sichtbar sein,* du Adler und deine schrecklichen Flügel und deine ganz schlimmen Flügelchen und deine bösen Häupter deine ganz schlimmen Krallen und dein ganzer nichtiger Leib.

rechts **4Esr 12,31-34**
links **ApkBar 39,8-40,3**
übersetzt **Klaus Berger**

(8) Und dies, daß du die hohe *Zeder* gesehen hast, wie sie von jenem *Wald* übriggeblieben war, und über dies, daß der *Weinstock mit ihr diese Worte geredet* hat, die du gehört hast, – dies ist das Wort: (40,1) Der letzte Regent, der dann (existiert), wird lebendig übrig bleiben, wenn die Menge seiner Versammlung vernichtet wird, und er wird gefesselt werden. Und sie werden ihn auf den Berg Sion hinaufschaffen, und mein *Messias wird ihn überführen aller seiner Freveltaten und er wird sammeln und hinlegen vor ihn alle Taten seiner Versammlung.* (2) Und dann wird er ihn *töten* und den *Rest meines Volkes, der sich an dem Ort,* den ich erwählt habe, *findet*, wird er *schützen*. (3) Und seine Herrschaft wird fest stehen in Ewigkeit, bis die Welt des Verderbens beendet wird, und bis die anfänglich genannten Zeiten erfüllt werden.

Kursiv gedruckte Abschnitte beider Seiten folgen getreu der Synopse des Vierten Buches Esra und der Syrischen Baruch-Apokalypse (1992) Klaus Berger (1992)

(31) wie du gesehen hast. Und der *Löwe,* den du gesehen hast, daß er vom *Wald* her aufwachte und brüllte und zum *Adler redete* und ihm *vorhielt seine Ungerechtigkeiten* und alle seine Reden, wie du gehört hast, (32) dies ist der *Gesalbte,* den der Höchste aufgehoben hat bis zum Ende, <der aus dem Samen Davids hervorgehen und kommen wird> (SYR, ÄTH, ARAB I. II., vergl. ARMEN; lat: –). <Und er wird mit ihnen reden> (SYR, ARMEN; über ihre Sünde: ÄTH, ARAB I; lat: gegen sie) und wird sie *ihrer Gottlosigkeiten überführen und von ihren Ungerechtigkeiten her und er wird vor ihnen ihre verachteten Handlungen offenbar machen.* (33) Denn er wird sie zuerst *lebendig vor Gericht stellen,* und es wird sein, wenn er sie *überführt* hat dann wird er sie *vernichten.* (34) Aber (w: denn) *mein übriggebliebenes Volk wird er befreien mit Barmherzigkeit, die gerettet sind in meinem Land,* und er wird sie fröhlich machen, bis das Ende kommt, der Tag des Gerichtes, über den ich zu dir gesprochen habe von Anbeginn.

Abkürzungen der angeführten Varianten

SYR   syrische Esra-Apokalypse
ÄTH   äthiopische Ersa-Apokalypse
ARAB I arabische Esra-Apokalypse Typ I
ARABII arabische Esra-Apokalypse T. II
ARMEN armenische Esra-Apokalypse
lat   lateinische Esra-Apokalypse

Lassen sich aus der Baruch-Apokalypse Merkmale abgewinnen, die der Beschreibung des Adlers vorteilhaft sind, indem sie das bereits gewonnene Bild unterstützen?

(7) ... *die Zeder, die von dem Wald des Bösen übriggeblieben ist?*

Der Wald des Bösen steht für die vergangenen Herrschaften der Zeit des lebenden Geschöpfes mit dem Angesicht eines Adlers seit dem Mittelalter.

(7) ... Durch deine Hand wurde das Böse stehend und wurde gewirkt alle diese Jahre hindurch, und Gutes niemals.

Keine Weltmacht zuvor hatte die Fähigkeit des Adlers, das Böse stehend zu erhalten und über viele Jahre auszubauen. Viele Mitglieder dieser Regierung waren von deren Gründung an auch Mitglieder in Geheimbünden.

(7) ... Und du *gelangtest zur Macht über* das, was dir nicht gehörte

Die Ureinwohner Amerikas wurden gewaltsam von ihrem Land enteignet.

(7) ... auch hast du dich dessen, was dir gehörte, *niemals erbarmt.*

Das Land der Einwanderer ist ein Land, das gegen die eigenen Bürger hart vorgeht, wenn die Hautfarbe, die politische Anschauung oder die Religion nicht den Vorstellungen der Führungseliten entspricht.

(8) Und du dehntest deine Macht aus über die, die fern von dir waren

Unter einem Vorwand trat Amerika in den Ersten Weltkrieg ein und sicherte sich eine Vormachtstellung in der Welt, die aus der Wirtschaftskrise heraus durch die zwölf Flügel stetig ausgebaut wurde.

(8) ... die dir nahekamen, *brachtest du durch die Netze deines Frevels in deine Gewalt*

Das kommerziell aufgebaute Wirtschaftssystem baut Zwänge auf und bindet die Menschen in einen materialistischen Lebensstiel ein, sodass geistige Werte ersticken.

(8) und so überhobst du dich zu jener Zeit, als ob du nicht entwurzelt werden könntest.

Eine hohe Staatsverschuldung und ein großen Außenhandeldefizit treibt das Land in eine neue Finanzkrise, aus der es sich nur schwer erholt.

(9) *Jetzt aber ist deine Zeit herangeeilt und deine Stunde ist gekommen.*

Sieben Sonnenzeiten enden 2020/2021.

(10) So *gehe nun auch du,* Zeder, hinter dem Wald her, der vor dir weggegangen ist, und werde mit ihm zu Sand, und euer Staub mische sich zusammen.

Die Vorherrschaft über die Erde wird bald wie die übrige Geschichte über die Weltherrschaft sein.

(11) Und so schlaft denn jetzt in Drangsal und ruht aus in Qual, bis deine letzte Zeit kommt, in der du wiederkommst und noch mehr gepeinigt werden wirst.

Ein Wandel im Status und Beschwerlichkeiten gehen dem tatsächlichen Ende vorweg, bevor ein Wiederaufleben den Untergang einleitet.

(40,1) Der letzte Regent, der dann (existiert), wird lebendig übrigbleiben, wenn die Menge seiner Versammlung vernichtet wird, und er wird gefesselt werden.

(1) Und sie werden ihn auf den Berg Sion hinaufschaffen, und mein *Messias wird ihn überführen aller seiner Freveltaten und er wird sammeln und hinlegen vor ihn alle Taten seiner Versammlung.* (2) Und dann wird er ihn *töten*

(2) und den *Rest meines Volkes, der sich an dem Ort,* den ich erwählt habe, *findet,* wird er *schützen.* (3) Und seine Herrschaft wird fest stehen in Ewigkeit, bis die Welt des Verderbens beendet wird, und bis die anfänglich genannten Zeiten erfüllt werden.

Diese Anwendung eines Teiles der Baruch-Apokalypse *(syr)* beruht in erster Linie auf die vorausgegangene personale und chronologische Lokalisierung der Inhalte der Adler-Vision. Die BarApk[syr] ist ein eigener Strang der Offenbarung, die auch Schealtiel sehen durfte! Wirkt die BarApk[syr] im ersten Blick durcheinandergewirbelt, entfaltet sie im obigen Detail erstaunlich genaue Bilder mit einer starken Affinität zum unabhängig von ihr identifizierten Objekt.[34]

Setzt sich diese Beobachtung in anderen Bereichen fort, hätte dies natürlich auch Einfluss auf die Auslegung von BarApk[syr] als Ganzes. Dem chronologischen Befund der Apokryphen-Forschung kann ohnehin nicht getraut werden, da die Selbstauskunft der Texte ignoriert oder auf eine spätere Situation hin uminterpretiert werden, um aus einer Offenbarung Gottes ein allgemein gewünschtes, nachträglich entwickeltes Geschichtsmodell werden zu lassen.

> Und es geschah im 25. Jahr Jekonjas, des Königs von Juda, daß das Wort des Herrn geschah zu Baruch, Sohn Neria, und er sprach zu ihm: – BarApk[Syr] 1,1[35]

Worte, die ein Gesicht der Zukunft besitzen, sind unevolutionär und damit als Gesellschaftsfeindlich eingestuft. Durchdringen diese Worte entgegen vielfältiger Negationen den Dschungel der Weltmeinung, werden sie zum Gegenstand des Entsetzens. Um der Verbreitung gegenüber empfänglicher Gläubigen entgegenzuwirken, müssen dann ausgerechnet die Hüter der Bibel mobilisiert werden, weil sie das Wort Gottes auf einen verschrifteten Kanon reduziert sehen! So wurde bereits vom Theologen Martin Luther die Esra-Apokalypse

---

[34] Die Forschung sieht in diesem Objekt (der Adler-Vision) den Gottesfeind Rom. *Jürgen U. Kalms* Der Sturz des Gottesfeindes. Traditionsgeschichtliche Studien zu Apokalypse 12 (2001), S. 181

[35] *A. F. J. Klijn* Die syrische Baruch-Apokalypse (1976), JSHRZ V,2 S. 123. Die Fußnote zu Jekonja: König seit 597v.Chr., also 590 v.Chr.; siehe 2Kön 24,8. Einnahme Jerusalems unter Zedekia: 587 v.Chr; vgl. VI 1; VIII 5.

aussortiert. Das Buch Baruch wurde von ihm übersetzt, aber seine Apokalypse ignoriert! Die darauf einsetzende Buch-Religion stand dem „überschüssigen Gut" kritisch gegenüber.

Dafür fehlte jedoch jede Grundlage, den Worte von Gott kommen durch seinen Geist zum Vorschein und können sich, sofern sie von Empfängern verschriftet und weiter tradiert wurden, in vielfältigen Überlieferungen ausgedrückt haben. Das Ohr prüft die Worte, wie der Gaumen die Speise kostet, nicht eine Kanon-Vorverurteilung (Hi 12,11 und Hi 34,3; vgl. Apk 2,7ff).

Zur Baruch-Apokalypse gehört eine Geschichtsdarstellung, die mit den zwölf Weltzeiten der Esra-Apokalypse vergleichbar ist, welche im Wiederaufbau des Tempels in Jerusalem 520 v. u. Z. mündete.[36] In einem Gesicht steigt aus dem Meer eine Wolke mit schwarzen und hellen Wassern unter einem Blitz auf, die in zwölf Zeiten auf die Erde abregnen. Der Blitz zieht danach zwölf Ströme aus dem Wasser zu sich. Die Vision und deren Deutung machen ca. ¼ der gesamten Apokalypse aus und gibt eine wichtige Vorschau auf den zwölften schwarzen Wasserstrom in unserer Gegenwart und den folgenden schwarzen Wassern (BarApk*Syr* 53,1-74,4).[37]

> Darum waren es nicht schwarze Wasser mit schwarzen und nicht helle mit hellen. Denn es ist das Ende. – BarApk*Syr* 69,5 *(Klaus Berger)*

---

[36] Die BarApk*syr* wird allgemein ins 2. Jahrhundert datiert und die Erwähnung des Königs von Babel (67,7-9) als Chiffre für Rom interpretiert. Die neue biblische Chronologieforschung erkennt in diesem elften schwarzen Wasser die Zeit Nebukadnezars und im zwölften Wasser die Vernichtungsabsicht Hamans (Esther) und die Rückkehrsituation Judas 521 v. u. Z. mit der Reorganisation der Opferdienste und dem Tempelneubau wieder.

[37] *Paul Riessler* Altjüdisches Schrifttum außerhalb der Bibel (1928/ 6. Auflage 1988), S. 53-113, 1270-1272. *A. F. J. Klijn* Die syrische Baruch-Apokalypse (1976), JSHRZ V,2 S. 103-184. *Klaus Berger* Synopse des Vierten Buches Esra und der Syrischen Baruch-Apokalypse (1992) S. 225-256.

rechts **ApkBar 53,1-12**
übersetzt **Paul Riessler**

Die Wolken-Vision besticht durch ihre Einfachheit. Die Deutungen der ersten elf Wasser sind eindeutig ausgewiesen und in chronologischer Reihenfolge leicht nachvollziehbar:

Erste schwarze Wasser: Die Übertretung Adams und der Abfall von Engeln bis zur Flut (56,1-16)
Helle Wasser: Abraham, Isaak, Jakob (57,1-3)
Dritten schwarzen Wasser: Frevel der Ägypter (58,1)
Vierten hellen Wasser: Moses, Aaron, Miriam, Josua und Kaleb (59,1-12)
Fünften schwarzen Wasser: Amoriter [Richter] (60,1-2)
Sechsten hellen Wasser: David und Salomo (61,1-7)
Siebten schwarzen Wasser: Jerobeam [Israel] (62,1-8)
Achten hellen Wasser: Hiskia (63,1-11)
Neunten schwarzen Wasser Manasse (64,1-65,2)
Zehnten hellen Wasser: Josia (66,1-7)
Elften schwarzen Wasser: Das Unheil Zions durch den König von Babels (67,1-9)

(53,1) Nach diesen Worten schlief ich daselbst ein. Da sah ich ein Gesicht, und eine Wolke stieg empor aus einem riesig großen Meer. Ich sah auf sie. Sie war voll weißen und voll schwarzen Wassers und viele Farben in dem Wasser. An ihrem oberen Rande war so etwas, gleichwie ein großer Blitz zu sehen. (2) Ich schaute, wie die Wolke stürmisch rasch darüber zog und dann die ganze Erde überdeckte. (3) Dann ließ die Wolke auf die Erde dieses Wasser regnen, das sich darin befand. (4) Ich sah, daß nicht von gleichem Aussehen das Wasser war, das ihr entströmte. (5) Zum Anfang war es schwarz und viel und dieses eine Zeitlang; dann sah ich, daß das Wasser wenig, aber hellicht wurde. Dann sah ich wieder schwarzes und wieder helles Wasser. (6) Dies dauerte zwölf Zeiten lang; des schwarzen Wassers war es aber immer mehr, als je des hellen. Vor ihrem Schwinden ließ die Wolke schwarzes Wasser regnen, und dies war noch viel dunkelfarbiger, als alles frühere Wasser. Und Feuer mischte sich damit. Verderben und Vernichtung brachte dieses Wasser, als es herabströmte. (8) Dann sah ich, wie der Blitz sie packte und zur Erde schleuderte, der Blitz, denn ich am oberen Wolkenrand geschaut. (9) Nur um so heller leuchtete der Blitz, daß er die ganze Erde hell beleuchtete, er heilte auch die Länder, wohin das letzte Wasser strömte und dort Verwüstung wirkte. (10) Er nahm die ganze Erde in Besitz und herrschte über sie. (11) Und darnach schaute ich: Da fluteten zwölf Ströme aus dem Meer empor und sie umringten jenen Blitz und wurden diesem untertan. (12) Ich wachte auf und hatte Angst darob.

rechts **ApkBar 68,1-8**
übersetzt Paul Riessler

Beim Purim fällt ins Auge, dass es der historischen Rückkehr Judas aus dem Exil in Babylon vorwegging! Ahasverus war Kambyses, der Sohn und Mitregent des Kyros und Esther (Est 2,7) war die königliche Atossa.
Die Rückkehr fand unter dem Perserkönig Darius statt und Mordechai war unter den Fürsten, die die Rückkehr unterstützten (Esr 2,2; 4,24-5,2).

(1) Das zwölfte, helle Wasser, das du sahst, bedeutet dies: (2) Es kommt hernach die Zeit; da fällt dein Volk in solche Drangsal, daß es Gefahr läuft, insgesamt zugrunde zu gehen, (3) Doch werden sie im Gegenteil gerettet werden, und ihre Feinde kommen dann zu Fall vor ihnen. (4) Sie werden eine Zeitlang großen Jubel haben. (5) In jener Zeit wird nachher bald auch Zion aufgebaut und seine Opfergaben wieder eingerichtet; die Priester kehren wiederum zum Dienst zurück; die Heiden kommen auch und preisen es, (6) doch nicht in solcher Zahl, wie ehedem. (7) Dann kommt der Sturz gar vieler Nationen. (8) Das ist das helle Wasser, das du geschaut.

rechts **ApkBar 69,1-5**
übersetzt Klaus Berger

Die weitere Vision betrifft die ganze Erde. Die Zeiten wurden von Gott in zwei Bereiche aufgeteilt. Dabei scheinen die Farben im zweiten Abschnitt denen im ersten Abschnitt gegenteilig zu sein. Das zeigt auch die Einleitung ApkBar 70,1, wo auf schwarze Wasser (am Ende dann) schwarze Wasser folgen können, was hier als Zeichen für das Ende steht.

(1) Denn die letzten Wasser, die du gesehen hast, daß sie schwärzer waren als allen früheren, welche nach der Zahl der zwölf da waren, die alle zugleich versammelt wurden, gehören zur ganzen Welt. (2) Denn der Erhabene hat von Anbeginn eine Einteilung gemacht (w. geteilt), weil er alleine weiß, was sich ereignen wird. (3) Den von dem Bösen und den Freveltaten, die vor ihm geschehen sollten, sah er sechs Arten voraus; (4) und von den guten Taten der Gerechten, die vor ihm vollbracht werden sollten, sah er auch sechs Arten voraus, ausgenommen noch das, was er künftig, am Ende der Welt machen wollte. (5) Darum waren es nicht schwarze Wasser mit schwarzen und nicht helle mit hellen. Denn es ist das Ende.

rechts **ApkBar 70,1-2**
übersetzt A. F. J. Klijn

Diese Voraussage beschreibt eine Zeit der Verwirrung und des Entsetzens, doch wann? Beim schwarzen Wasser nach den schwarzen Wassern, mit denen die Zeit der 12 Ströme (ApkBar 53,11) enden! Wann aber enden diese und was ist

(1) So hört die Deutung von den letzten schwarzen Wassern, die nach den schwarzen kommen werden. (2) Siehe, Tage kommen, und es wird geschehen, wenn die Weltzeit reif und die Saat der Bösen und der Guten ihre Ernte finden wird, daß der Mächtige (dann) über das Land und seine Bewohner und seine Herrscher Verwirrung des Geistes gießen wird und Entsetzen des Herzens.

das Zeichen dafür? Das Zeichen dafür folgt in Vers 3-5, weil der Vers 6 die Verwirrung neu ansetzt. Die Zeitperiode des Zeichens gehört somit noch dem 12. schwarzen Strom an, einer Zeitperiode, die vorweggeht! Glücklicherweise hat BarApk 70,3-8 eine parallele Überlieferung in 4Esr 5,6-12. Schon deren Einleitung (4Esr 5,1-5) trägt vergleichbare Merkmale:

(1) Die Zeichen aber sind diese: Eine Zeit wird kommen, in der die Erdenbewohner große Furcht befällt. Der Weg der Wahrheit wird dann verborgen sein und das Land des Glaubens wird keine Frucht tragen. (2) Die Ungerechtigkeit wird dann noch üppiger sprießen, als du jetzt siehst und von ihr hast reden hören. (3) Das Land, das jetzt die Herrschaft ausübt, wird zu einer weglosen Wüste werden.

links **4Esr 5,1-3**
Henri Daniel-Rops
und J. Bonsirven[38]

Neben der ferneren Sicht (Babylon als Wüste) konnte Schealtiel (Esra) die Verwirrung seiner Zeit sehen.

Was sagt die ApkBar und 4Esr über die Epoche vor den letzten schwarzen Wassern und wie lange dauern/dauerten dieses 12. *schwarze* Wasser an?

---

[38] Die Apokryphe Bibel am Rande des Alten Testaments. Herausgegeben von *Henri Daniel-Rops* in Zusammenarbeit mit *J. Bonsirven* (1959) Zürich; Das vierte Buch Esdras, S. 225-254.

Sind die 12. schwarzen Wasser als Zeitkonzept aufzufassen, müssten sie 1/12 der zweiten Großzeitperiode von 2480 Jahren als Mondzeiten, bzw. 2555 Jahren als Sonnenzeiten ausmachen. Das sind etwa 207 bis 213 Jahre für eine Zeit. Bei der Adler-Vision konnte aus der Mitte des Leibes und deren Anfang auch der Beginn der zwölf Flügel und der Beginn der drei Köpfe, jeweils aus einer Weltwirtschaftskrise heraus, bestätigt werden. Setzten wir auch hier den Beginn dieses Leibes als den Beginn der 12. schwarzen Wasser an, gelangen wir nach 213 Jahren Präsidentschaften in das Jahr 2002, nach in Kraft getretener Verfassung 1788 ins Jahr 2001. Doch weist diese äußere Beobachtung auch inhaltliche Merkmale auf, die wir in ApkBar 70,3-5 (ferner auch 4Esr 5,8-12) bestätigt finden?

links **ApkBar 70,3-5** A. F. J. Klijn
rechts **4Esr 5,8-12** Klaus Berger

(3) Einander hassen werden sie und reizen sich gegeneinander zum Streit. Und die Ehrlosen herrschen über Angesehene, und die Nichtswürdigen erheben sich hoch über alle Ehrsamen. (4) Und viele werden wenigen Preisgegeben sein, und die nichts waren, werden herrschen über Starke, die Armen werden alle Reichen übertreffen an Zahl, die Frevler aber werden sich erheben über Tapfere. (5) (Indes) die Weisen werden schweigen, Törichte aber werden reden. Der Menschen Denken wird alsdann nicht Wirklichkeit werden, auch nicht der Rat der Starken; die Hoffnungsvollen sehen ihre Hoffnung nicht erfüllt.

(8) Und ein Abgrund wir sich auftun (w. geschehen) durch viele Gegenden hin, und Feuer wird häufig sich ausbreiten (w. ausgeschickt werden). Und die wilden Tiere überschreiten ihr Gebiet. Frauen werden Mißgeburten gebären. (9) Und in süßen Gewässern findet man salzige. Und alle Freunde werden sich bekämpfen; und dann wird die Wahrnehmungsgabe verborgen werden und der Verstand wird sich absondern in seine Kammer. (10) Und er wird von vielen gesucht, aber nicht gefunden werden, und es wird vermehrt werden Ungerechtigkeit und Unenthaltsamkeit auf der Erde. (11) Und es wird ein Gebiet seinen Nachbarn Fragen und sagen: ist etwa durch dich die Gerechtigkeit hindurchgezogen, indem sie Gerechtes tat? Und dieses wir es verneinen. (12) Und es wird in jener Zeit sein, daß die Menschen hoffen und nicht erlangen werden, sie werden sich mühen (w. arbeiten), aber ihre Wege werden nicht (zum Erfolg) gelenkt werden.

Beschreibt ApkBar 70,3-5 die Geburt der Demokratie als Wechsel zur Herrschaft der Ehrlosen und Nichtswürdigen, die nur zum Streit reizen würden? Das viele wenigen preisgegeben sind, kann seit dem Aufrichten des Adlers auf seine Krallen im ersten Weltkrieg gesagt werden. Auffällig ist die ansonsten recht sinnlos wirkende Aussage, „die Armen werden alle Reichen übertreffen an Zahl", wenn mit den Armen nicht die wirtschaftlich erfolgreichsten US-Amerikaner ange-sprochen seien! In einem normalen Gefüge haben Arme gegenüber Reichen schon immer an Zahl vorgeherrscht. Und Nachkommen der nicht selten aus Europa ausgewanderte Minderheiten, „die nichts waren", beherrschen die Welt. Frevler sind den Tapferen gegenüber erhoben, was die Gottlosigkeit der Kriegsführung ansprechen dürfte. Die Steuerung der Informationen kennt ungeahnte Ausmaße und Törichte hören wir reden. Menschen können Pläne nicht verwirkli-chen, wenn durch Spekulationen oder auch Sanktionen Behinderun-gen eintreten. Der Rat der Starken kam nicht dagegen an und wer vertraut hat, wird enttäuscht.

ApkBar 70,6-10 A. F. J. Klijn

Erst nach diesen Ereignissen kommt Verwirrung des Geistes und Entsetzen des Herzens (2) durch Krieg, Trübsal und Behin-derung durch die Mitbürger. Auf ein Zeichen hin werden die dann noch übrigen Weltherr-scher (des Babylons in groß) bekämpft, weshalb Gläubige dessen Gebiet besser vorher verlassen sollten (Apk 18,4). Die Zeit der schwarzen Wasser nach den schwarzen Wassern wird durch Krieg, Erdbeben, Feuer und Hunger gekenn-zeichnet sein.

(6) Dann wird es sein, wenn jene Dinge eingetreten sind, die man vor-hergesagt hat, daß alle Menschen von Verwirrung überfallen werden. Und ei-nige von ihnen fallen im Krieg, andere werden durch Trübsal umkommen, und wieder andere von ihnen werden von den Ihrigen behindert werden. (7) Der Höchste wird dann jenen Völkern, die er vorbereitet hat, ein Zeichen geben – sie kommen her und streiten mit den Herrschern, die dann noch übrig sind. (8) Und jeder, der sich aus dem Krieg rettet, wird durch Erdbeben sterben, und wer sich aus dem Beben retten kann, wird im Feuer verbrennen. Und wer sich aus dem Feuer rettet, kommt durch Hunger um.

Die Überlebenden werden in die Hände eines von Gott autorisierten Herrschers fallen während einer Zeit, wenn der Planet zum Feind seiner Bewohner wird, wie das auch bei Erdbeben und Hitzebränden der Fall ist.

> (9) Und jeder, der sich rettet und allen diesen hier vorhergesagten Dingen dann entkommt – mag er nun Sieger oder Unterlegener sein – sie alle fallen in die Hände meines Knechtes, des Gesalbten. (10) Verschlingen wird die ganze Erde dann ihre Bewohner

Warum stehen die Baruch- und die Esra-Apokalypse, wenn sie so genau unsere gegenwärtige Situation beschreiben können, nicht in der Bibel? Zeitweise wurden Apokalypsen als Teil der Bibel akzeptiert und tatsächlich sind im hebräischen Text Daniel und im griechischen Text die Apokalypse des Johannes übriggeblieben.

Aus dem Kanon Muratori, und somit für die Periode bis zum Ende des 2.Jh.s können wir schließen, daß Apokalypsen sowohl gelesen als auch damals noch geschrieben, und daß sie entweder in der Kirche bzw. von den Theologen vor dem Volk oder auch privat gelesen werden konnten … Das Aufleben der Apokalyptik war aber die Folge einer in der neutestamentlichen Zeit noch nicht abschließend verarbeiteten Spannung zwischen akuter Naherwartung und Parusieverzögerung.[39]

Diese Apokalypsen sind für wenige Menschen verborgen worden:

„So sollen die Bewohner dieser Erde in jenen Tagen nicht bemerken, daß das Ende aller Zeiten gekommen sei." – ApkBar*Syr* 27,15b

Um das zu Belegen gehen wir jetzt auf Bereiche der Baruch-Apokalypse über, die sich aus Sicht der Chronologie unabhängig entfalten, und ein Zeugnis über unsere Zeit geben! Baruchs Trauer um Jerusalem steht dem Gericht an der ganzen Welt gegenüber (ApkBar 3,1; 4,1-3; 29,1).

---

[39] *Grebern S. Oegema* Zwischen Hoffnung und Gericht. Untersuchungen zur Rezeption der Apokalyptik im frühen Christentum und Judentum S.176

Dieses Gericht „bis ans Ende aller Zeiten" ist in „zwölf Abschnitte" eingeteilt worden, die der Woche verpflichtet sind (ApkBar*Syr* 27,1; 28,2). Nicht zufällig ist die Zeitspanne von 12 x 7 Jahren der Zeit der Flügel in der Adlervision gleich (1932 bis 2016). Doch nennt die Offenbarung an Baruch Wochen in zwei Abschnitten. Unterteilte Wochen von 3 ½ Zeiten oder 1260 Tagen sind auch in Daniel und bei Johannes angelegt (Dan 7,25; 9,27; 12,7.11.12; Apk 11,2.3.9.11; 12,6.14). Doch scheinen hier die Wochen in zwei Dimensionen eine Bedeutung zu haben! Zwölf mal sieben Jubiläen reichen bis vor die Entdeckung Amerikas 1492 zurück. Wie kann dieses Rätsel aufgelöst werden? Über die Neuneinhalb Stämme, an die Baruch schrieb (ApkBar*syr* 78-87)! In der zur selben Zeit verfassten Esra-Apokalypse waren 9 ½ von 12 Weltzeiten (in Wochen) bereits vergangen (4Esr 14,11). Die verbliebenen 2 ½ Stämme/Weltzeiten von je 207/213 Jahren als einem Zwölftel von 7 Mond-/Sonnenzeiten lokalisieren die Zeit der Entdeckung durch Christoph Kolumbus bis zur Gegenwart! Die große Woche wurde in „zwölf Abschnitte" unterteilt, von denen 2 ½ Stämme/Weltzeiten ganz für Amerika/den Adler stehen.

$$1492 \text{ u. Z.} + 2 ½ \times 213 = {\sim}2024 \text{ u. Z.}$$

Eine Beziehung zu den 3 ½ Zeiten besteht aber indirekt durch den Namen des vierten lebenden Geschöpfes mit dem Aussehen gleich einem fliegenden Adler (Apk 4,7), der für den zweiten Lebensraum der weiteren Woche ohne Opfergaben steht (Dan 9,27).

Die gewonnene Erkenntnis wirft auch ein neues Licht auf die zwölf Weltzeiten der Esra-Apokalypse, die als Unterteilung für eine große Woche/sieben Zeiten neu gelesen werden muss!

Für uns sind die „zwölf Abschnitte" in Jahrwochen „bis ans Ende aller Zeiten" von besonderer Bedeutung. Sie bilden den jeweiligen Charakter der zwölf Flügel der Adlervision ab.

1.2.1 Die zwölf Abschnitte Baruchs

Baruchs Trauer um Jerusalem steht dem Gericht an der ganzen Welt gegenüber (ApkBar 3,1; 4,1-3; 29,1), das „bis ans Ende aller Zeiten" reicht und in „zwölf Abschnitte" eingeteilt worden ist (ApkBar-*Syr* 27,1; 28,2). Die Zeitspanne von 12 x 7 Jahren gleicht als Wochen der Zeit der Flügel in der Adlervision (1932 bis 2016) und läuft auf dasselbe Ende vieler Apokalypsen zu (Dan 12,1-3.13).

In dieser Zeit wird der Messias erscheinen (ApkBar*syr* 29,3) und die Auferstehung der Toten wird folgen (ApkBar*syr* 30). Nach Baruchs Rede an das Volk und seinem Besuch an der Heiligen Stätte (Apk-Bar*syr* 31-35) bekommt er die Vision von der Zeder und dem Weinstock, die vor allem den letzten Regenten der Adler-Vision der Esra-Apokalypse behandelt (ApkBar*syr* 37-40; 4Esr 11-12). Somit berechtigt auch der Kontext (ApkBar) zur Integration der zwölf Abschnitte als Beschreibung für die Epoche der zwölf Flügel (4Esr).

Es sind zwei Methoden möglich, die wir beide anwenden werden:

1. Der Vergleich der Jahrwochen mit dem jeweiligen Weltgeschehen.
2. Der Vergleich zwischen den jeweils amtierenden Präsidenten und den Geschicken ihrer Amtszeit.

Dabei werden entsprechende und allgemein bekannte Höhepunkte der Jahrwochen, bzw. der jeweiligen Amtszeiten, angesprochen. Es kann dabei selbstverständlich auch zu Überschneidungen kommen. Das Bild der Apokalypse sollte sich dabei förmlich aufdrängen und gegenüber früherem Geschehen abgrenzen können! Faktoren, wie ein angemessener Bekanntheitsgrad oder einer dem Ausdruck entsprechenden eintretenden Erscheinung sind jeweils zu achten!

Die zwölf Zeitabschnitte der Baruch-Apokalypse (ApkBar*syr* 27)

    (1) Er antwortete mir: Jene Zeit ist in zwölf Abschnitte geteilt und jeder von dieser ist aufgehoben für das für ihn vorgesehene.

1. (2) Im ersten Abschnitt beginnen die Unruhen einzutreten.
2. (3) Im zweiten das Hinschlachten der Großen.
3. (4) Im dritten sinken viele (Menschen) in den Tod.
4. (5) Im vierten Abschnitt wird das Schwert entsandt.
5. (6) Im fünften kommt die Hungersnot und Regen wird festgehalten.
6. (7) In sechsten bebt die Erde,
7. und Spaltungen reißen ein.
8. (9) Im achten Abschnitt sind viele Gespenster und Dämonenzulauf.
9. (10) Im neunten Abschnitt fällt das Feuer herab.
10. (11) Im zehnten (geschehen) Vergewaltigung und große Freveltat.
11. (12) Im elften Abschnitt (geschehen) Unzucht und Exzess.
12. (13) Im zwölften dann: Unordnung und Vermischung von dem, was vorher schon genannt wurde.

    (14) Diese Zeitabschnitte werden sich (gegenseitig) erst verweigern, dann aber untereinander vermischt werden und einander helfen.

    (15) Denn einige halten etwas von sich zurück und nehmen (dafür) von anderen an. Andere wiederum werden etwas von sich und was von anderen ist, vollstrecken. So sollen die Bewohner dieser Erde in jenen Tagen nicht einmal bemerken, daß das Ende aller Zeiten gekommen ist.

Eine Besonderheit im Text und in der späteren Texteinteilung der ApkBar*syr* ist, dass der Vers 8 ausfällt, weil der „siebente Abschnitt" nicht eigens ausgewiesen ist und demnach als verloren gilt. Es sind bei der Siebenzahl aber auch stilistische Gründe naheliegend, weshalb oben der zweite Abschnitt in Vers 7 als eigenes Zeichen nachrutscht. Dass die Erde bebt und Spaltungen aufreißen bedeutet nicht zwangsläufig *ein* Zeichen, zumal noch nicht einmal geklärt ist, was mit diesen Bildern mitgeteilt werden soll. Wir sind für ein abschließendes Urteil neben den markanten Zeichen auch auf den Gesamteindruck der Apokalypse und deren erkannten Erfüllungen auf der Zeit- und der Personal-Ebene angewiesen.

Die zwölf Zeitabschnitte (ApkBar*syr* 27) und die zwölf Wochen

 1. 1932-1939 Weltwirtschaftskrise
 2. 1939-1945 Zweiter Weltkrieg
 3. 1945-1953 Atombomben (Japan)
 4. 1953-1960 Korea (Krieg)
 5. 1960-1967 Rassenunruhen und die Bürgerrechtsbewegung (King)
              [Kennedy] Befreiungsbestrebung der Dritten Welt
 6. 1967-1974 Studentenproteste, Unruhen, Bürgerkriege
 7. 1974-1981 Watergate-Affäre (Nixon, Rücktritt im Aug. 1974)
 8. 1981-1988 viele Anschläge gegen Politiker
 9. 1988-1995 Ethnische Säuberungen (Ruanda/Bosnien/Herzegowina)
10. 1995-2002 Clinton-Lewinsky-Affäre / 9/11 Anschlag auf das WTC
11. 2002-2009 Kriege gegen Schurkenstaaten / IMMO-Krise/Enteignung
12. 2009-2016 Weltfinanzkrise / (V15) Vollstreckung (Osama Bin Laden)

Zwölf Flügel und zwei Nebenflügel in den zwölf Zeitabschnitten

F1. 1929-1933 Herbert Hoover		Weltwirtschaftskrise
F2. 1933-1945 Franklin D. Roosevelt		Zweiter Weltkrieg
Winston Churchill		
Josef Stalin		
Adolf Hitler		
F3. 1945-1953 Harry S. Truman		Atombomben (Japan)
F4. 1953-1961 Dwight D. Eisenhower		Korea (Krieg)
F5. 1961-1963 John F. Kennedy		Cuba-Krise/Ermordung
F6. 1963-1969 Lindon B. Johnson		Vietnam (Luftangriffe)
F7. 1969-1974 Richard Nixon		Watergate-Affäre/Rücktritt
NF. 1974-1977 Gerald Ford		Aufgerückter Vizepräsident
NF. 1977-1981 Jimmy Carter		Schwache Regentschaft
F8. 1981-1989 Ronald Reagan		massive Aufrüstung
F9. 1989-1993 George Busch		Golfkrieg/New World Order
F10. 1993-2001 Bill Clinton		Clinton-Lewinsky-Affäre
F11. 2001-2009 Georg W. Busch		(9/11) WTC und Pentagon Kriege/US-Immobilienkrise
F12. 2009-2016 Barack Obama		Finanzkrise/Abhörskandal/ Rassendiskriminierung

1.2.3 Die Adlervision, eine Offenbarung Gottes

Der Adler in der *Johannes*-Apokalypse bildet einen Lebensraum ab, in dem nach einem Adler (einer Weltregierung) zu suchen war, über den Jesus sagte, die Adler seien beim Leib versammelt. Zur Mitte seiner Zeit wurde der Leib beinahe zerbrochen, erholte sich aber wieder und setzte zwölf Flügel zur Weltherrschaft frei. Dem zweiten dieser Flügel wird in der Vision noch vor seinem Tod gesagt, er habe die doppelte Zeit erreicht, was auf die vier Amtszeiten von Roosevelt anspielt. Seine zwei großen Verbündeten gegen Adolf Hitler waren unangesprochen auch schon als zwei Nebenflügel im Visier. In der ApkBar werden sie als die großen Hinschlachter beschrieben!

Gruppenfoto nach dem Abschluss der Verhandlungen von Jalta 1945 von links: Winston Churchill, Franklin D. Roosevelt und Josef Stalin

Die Flügel erschienen pünktlich nach sieben Mondzeiten und waren nach sieben Sonnenzeiten ebenso pünktlich wieder verschwunden. Der zeitliche Übergang wird in der Bibel mehrfach als Zeichen an Sonne, Mond und Sternen ausgewiesen. Jetzt ist die Zeit der drei Köpfe herangerückt, die den Frevel auf die Spitze treiben werden.

Die zwölf Zeitabschnitte (ApkBar 27) sind abgelaufen und vor dem Erscheinen des Blitzes (ApkBar 53), auf den Jesus (Mat 24,27; Luk 17,24) bezugnimmt (vgl. Apk 11,19), führen sie ihre Schreckensherrschaft aus, bis das Tier im Feuer verbrannt wird (Dan 7,11).

Apokalypsen, die ein Randdasein im jüdischen und im christlichen Schrifttum bildeten, sind zu einer großen Erbauung geworden, weil sie den Beginn der Bedrängniswehen auch zeitlich gut erfasst haben und das Gericht Gottes detailliert wiedergeben können. Sie gleichen sich in vielen Einzelheiten, geben aber auch viele zusätzliche Informationen frei, die eine sichere Identifikation von Babylon, der Großen ermöglichen. Gottes Volk wird darin eigens aufgefordert, sein erkanntes Standortproblem zu beheben (Apk 18,4) und es gibt verschiedene Hinweise, dass es sogar zu einer Behinderung durch eigene Leute kommen wird (Dan 11,34-35; ApkBar 70,6).

1.3.1 Die Lehre der zwölf Apostel (Didache)

Die Didache ist eine frühchristliche Schrift, die sich aus vier Teilen zusammensetzt.

1.	Did 1-6	die Zwei-Wege-Lehre	(=Barn 18-20)
2.	Did 7	die Taufanweisungen	
	Did 8	das Fasten und das Gebet	
	Did 9-10	und das Abendmahl	
3.	Did 11-13	über die Reisenden	
	Did 14-15	und Ratschläge	
4.	Did 16	die Apokalypse	

Neben der Didache (Did) ist die Zwei-Wege-Lehre im Brief des Barnabas (Barn) enthalten und auf vielfältige Weise[40] überliefert. Sprachliche Hinweise deuten auf eine frühe Abfassungszeit. Die Zwei-Wege-Lehre steht in Teilen Matthäus nahe und verarbeitet jüdische Themen.

Didache 1-6. Die Frage nach dem rechten Weg war zwar an sich nicht neu, musste sich aber im jeweiligen Umfeld mit deren Umständen jeweils immer wieder neu stellen und behaupten! So waren die Umstände der Zeit Jesu für ihn ein Anlass, von dem rechten Weg als einem, nur durch ein enges Tor erreichbaren Weg zu sprechen (Mat 7,14). Dass dieser Weg damaligen Juden nur zeitlich begrenzt offenstand, wird auch in Lukas deutlich, wo *der Hausherr* die Tür verschließt (Luk 13,25f, vgl. Mat 7,22).

Für Juden und Judenchristen in Judäa brach eine Zeit des Endes an (Mat 7,24-27; 24,1-2, Luk 21,22).

---

[40] Doctrina apostolorum (Doctr.); und in Teilen von: apostolische Epitome (Epit.); Vita des Apa Schenute *arab.*; Syntagma doctrinae; Fides partum.

Vielen Juden blieb der Zugang durch das enge Tor verwährt, der damals den Gehorsam gegenüber Jesu Anweisung, in die Berge zu fliehen, einschloß (Mat 24,15-18, Mar 13,14-16, Luk 21,20-21.24).

So wurde zwischen den jüdischen Nationalbestrebungen und den Interessen des Königreiches Jesu eine klare Trennung sichtbar (Apg 1,6; Joh 18,33-37; Luk 23,30-31). Jüdische Extremisten hatten die Kontrolle über Jerusalem erlangt, und es „flohen viele von den Namhaften aus der Stadt wie aus einem untergehenden Schiffe."[41]

„Zwei Wege gibt es, einen zum Leben und einen zum Tod."– Did 1,1a.

„Der Weg", wie sich die Christen damals selbst nannten, war eine Nachfolge Jesu, von Juden beschwert und verfolgt (Apg 24,14).

Die Zwei-Wege-Lehre lässt historische Hintergründe dieser Zeit durchblicken, mit denen wir uns später noch befassen. Sie geht als Katalog den Taufanweisungen der Didache und der Steigerung bis zur Abendmahlfeier vorweg (Did 7-10).

Die Taufe geht auf Johannes den Täufer zurück. Das wird durch den Jordanfluß als Ziel einer breiten Bewegung von Menschen deutlich (Mat 3,6; Mar 1,5). In den Evangelien als Ganzes ist die Wassertaufe, nicht mehr nur die Jordantaufe, charakteristisch für Johannes (Luk 3,16; Joh 1,26). Deshalb wird in der Taufanweisung fliesendes Wasser vor anderen Gewässern bevorzugt (Did 7,1-3).

Das Fasten im Anschluss macht die Verbindung zu den immernoch nachwirkenden Lehren von Johannes des Täufers besonders deutlich (Did 7,4-8,1).

---

[41] Josephus. Vom jüdischen Kriege, Buch II, Kapitel 20,1 *(Berendts/ Grass)*.

„Euer Fasten sollte sich nicht zusammen mit den Frevlern begeben. Denn sie fasten am 2. und 5. Tag der Woche, ihr aber sollt am 4. und am 6. Tag fasten" – Did 8,1

Die Frevler waren die Pharisäer mit ihrem selbstauferlegten Fasten (Luk 18,12). Doch hatten auch die Jünger des Johannes Fastentage, hier als Regel an die Taufe gehängt (Mat 9,14-15; Mar 2,18-20; Luk 5,33-35). Christen wurde kein Regelfasten auferlegt. Unter Johannes Jüngern und unter einigen Judenchristen üblich, lässt sich hierin der Ursprung der ersten zehn Kapitel erahnen. Die Schrift als ganzes als Apostellehre zu bezeichnen ist richtig, denn gerade der Wechsel von Johannes zu Jesus war harmonisch und deren Taufen beinahe verwechselbar (Apg 18,24-25).

Das Einlenken auf das Vaterunser zeigt die christliche Priorität.

„Betet auch nicht wie die Frevler, sondern wie der Herr in seinem Evangelium befohlen hat, so sollt ihr beten ..." – Did 8,2.

Auch im Gebet sollten es die Jünger den Frevlern nicht gleichtun. Der Hinweis auf sein „Evangelium" vorweg als Legitimationshinweis lässt auf bestimmte Sachverhalte schließen.

1. Ein anderes Evangelium war dem Schreiber noch unbekannt.
2. Das Evangelium des Matthäus war bereits niedergeschrieben.
3. Der Legitimationshinweis führt das Vaterunser hier ein.
4. Ein anderes Gebetsmuster wurde dadurch verdrängt.

Das Zitat musste noch nicht von anderen Evangelien abgegrenzt, bzw. unterschieden werden![42] Das spricht gegen die viel vertretene Markuspriorität. Die o. g. Legitimation musste die Kraft aufweisen, ein bekanntes Muster zu verdrängen, von dem die vormaligen

---

[42] Über die Reisenden: Did 11,3 „... nach der Weisung des Evangeliums ..." Ratschläge: Did 15,3 „... wie ihr es im Evangelium habt ..."

Jünger des Johannes wussten (Luk 11,1). Das Mustergebet in Mat 6,9-13 ist in Did 8,2 nahezu buchstabengetreu wiedergegeben, sodass hier eine Überlieferung anderer Natur ausscheiden darf.

Die in Did 8,1-2 mit den Frevlern auf Abstand gehende Position ist durchaus im Kontext weiterer Jesuworte über Gebet und Fasten einsichtig (Mat 6,5-8.16-18; Luk 18,11). Gegenteilig besteht geradezu die Notwendig einer ausgebauten Gegenposition, wie sie in den Sammlungen von Matthäus als Ganzes hervortritt: Mat 5f (rechte Lebensweise); 10f (Predigtanweisung); 13f (distanzierte Gleichnisse); 23f (Weherufe gegen Pharisäer und Schriftgelehrte); 24f (Endzeit des jüdischen Systems).

Der Anhang an das übernommene Vaterunser muss von seiner Herkunft zunächst offenbleiben, der darauffolgende Abschluss (an die Neugetauften) erscheint etwas zwanghaft:

> „Drei Mal am Tag sollt ihr beten" – Did 8,3.

Die Bereiche Taufe, Fasten und Beten wurden wegen ihrer Affinität zum Matthäusevangelium bereits vorweggenommen. Der Abstand zum Synoptiker Lukas ist hier weitaus größer, so Themen wie Ehebruch im Herzen, echtes Schwören etc.

Sie behandelt wird das doppelte Gebot der Liebe (Mat 22,27-29*Par*) und zieht die Lehre aus Mat 5,25.26.39-42.44-47; Luk 6,30 (Did 1,2-5)

Das Abendmahl ist noch durch und durch vom Passah beeinflusst. Eine Trennung ist noch nicht zu erkennen, wie es sich tendentiös bei Melito von Sardes feststellen lässt (Did 9-10). Der Umgang mit Reisenden Aposteln für die Versammlungen ist in der Didache schon präzise geregelt, was eine unterlegte Erfahrung voraussetzt, d.h. reisende Apostel, Wanderprediger (Did 11-13).

1.3.2 Die christliche Apokalypse der Didache

Die Ratschläge der Didache (Did 14-15) zeigen deutlich, dass Dia-kone und Bischöfe gewählt wurden und sie deshalb wie die Prophe-ten und die Lehrer geachtet werden sollten. Es gab demnach noch die geachteten Propheten, die z. B. als einzige beim Abendmahl frei beten durften und die geachteten Lehrer waren noch nicht mit ge-wählten Dienstämtern vermischt. Nur wenige sollten Lehrer sein. Aus diesen und den vorgenannten Gründen ist von einer frühen Ab-fassungszeit der Didache zurzeit der Apostel auszugehen (Apg 2,42). Die Versammlungen waren noch jung und schutzbedürftig. Weil auch falsche Apostel auf Reisen waren und die Gastfreund-schaft ausnutzten, wurden einfache Regeln erlassen, um Brüdern keine unnötigen Bürden aufzulegen.

Diese frühchristliche Didache schließt mit der (nach Jesus) wohl äl-testen christlichen Apokalypse ab (Did 16), die sich wie die ge-sammte Didache eng an das Matthäusevangelium hält.

> In der Apokalypse (Did 16), v.a. in der Erwartung der Auferstehung, ist der Autor der „Didache" keinesfalls dem Chiliasmus, sondern aus-schließlich der synoptischen Apokalypse (vgl. v.a. Mt 24,29-31) und Paulus (vgl. 1 Kor 15,50 und 1 Thess 4,16) verpflichtet. Der Autor der Didache kannte sicherlich das Matthäusevangelium.[43]

Sie ist älter als die Offenbarung des Johannes. Nach Rat über die Wachsamkeit, das Zusammenkommen und das Ausharren bis zum Ende (Did 16,1-2) heißtes:

> (16,3) Denn in den letzten Tagen werden sich die Pseudopropheten vermehren und die Verführer, und die Schafe werden sich in Wölfe

---

[43] *Grebern S. Oegema* Zwischen Hoffnung und Gericht. Untersuchungen zur Rezeption der Apokalyptik im frühen Christentum und Judentum S. 59

verwandeln, und die Liebe wird sich verwandeln in Haß. (4) Denn wenn sich die Ungerechtigkeit vermehrt, werden sie einander hassen und verfolgen und verraten.

Und dann wird der Weltverführer erscheinen als „Sohn Gottes" und Zeichen und Wunder tun, und die Erde wird in seine Hände gegeben werden, und er wird Freveltaten tun, wie sie noch nicht geschehen sind seit Ewigkeit.[44]

Die Menschenwelt kommt in eine große Bedrängnis.

(5) Dann kommt das Geschöpf der Menschen in das Feuer der Prüfung, und viele werden Anstoß nehmen und zugrundegehen, die aber standhalten in ihrem Glauben werden gerettet von dem Verfluchten selbst.[45]

(6) Und dann werden erscheinen die Zeichen der Wahrheit. Zuerst das Zeichen der Ausspannung am Himmel, danach das Zeichen des Trompetenstoßes und das Dritte: die Auferstehung der Toten. (7) Nicht aller aber, sondern wie gesagt ist: „Kommen wird der Herr und alle Heiligen mit ihm."[46]

Die Endzeitvorstellungen der frühen Christen mündeten in der Apokalypse, die diese drei Zeichen betonte (Did 16,6).

Das Zeichen an der Ausdehnung am Himmel und das Zeichen des Trompetenstoßes waren schon in Matthäus aufgezeichnet und die Auferstehung der Toten (als verbreitetes Gut in Apokalypsen, vgl. Dan 12,1-3) zunächst auf das Sammeln der Heiligen reduziert (Mat 24,29-31). Es sind Zeichen der Wahrheit, weil sie die Worte Gottes durch die Propheten bestätigen.

Vor diesen Zeichen erscheint dieser Weltverführer.

---

[44] KAV1. Die Didache. Erklärt von Kurt Niederwimmer (1989), Seite 260f
[45] KAV1, Seite 263
[46] KAV1, Seite 265

Die diabolische, täuschende Maskerade des Gegenspielers Gottes ge-
hört zu den typischen Geschehnissen der Endzeit. Auch das folgende
Motiv stammt aus der Topik: der Antichrist täuscht und verführt die
Menschen durch Zeichen und Wunder, die er vollführt.[47]

Die Frage, wer dieser Antichrist sei, darf neu gestellt werden! Es ist
zu prüfen, ob der Weltverführer nicht mit dem Adler der Adler-Vision
identisch ist, der auf seinen Banknoten „we trust in God" mit weiteren umstrittenen Zeichen kombiniert. In Verdacht steht dabei nicht
eine Einzelperson, sondern ein ganzer Verführungs-Apparat, denn
„die Erde wird in seine Hände gegeben werden" und „Freveltaten,
die es noch nie gab" würde *der Weltverführer* verüben – Did 16,4b;
vgl. ApkBar 27,11.

Es lassen sich leicht eine Vielzahl von Verbindungen zur Weltherrschaft der Vereinigten Staaten herstellen, doch erscheint an dieser
Stelle die Betrachtung einer wenig bekannten Schrift angebracht.

> Der Did.-Stelle am nähesten steht apc. Pet. 2 (äth.): „... daß das der
> Verführer ist, der in die Welt kommen und Zeichen und Wunder tun
> muß, um zu verführen." [48]

Die Didache kann auch als eine christliche Ordnung im Kontext des
Exodus bezeichnet werden, weil sie für die Zeit vor dem Übergang
die wesentlichen Warnungen wiedergibt, um die Gemeinschaft und
Einzelpersonen vor Schaden zu bewahren. Da der Weltverführer darauf abzielt, selbst die Auserwählten irrezuführen, ist auch hier wieder Babylon in Groß mit in Betracht zu ziehen (Apk 18,4). Wir dürfen
ein mögliches Standortproblem nicht bequem ignorieren!

---

[47] KAV1. Die Didache. Erklärt von Kurt Niederwimmer (1989), Seite 262
[48] KAV1. Seite 262

1.3.3 Die christliche Apokalypse des Petrus

Die „Petrus-Offenbarung" gehört für Klemens von Alexandrien sowie im „Kanon Muratori" zum neuetestamentlichen Kanon; laut Sozomenos`Hist. Eccl. 7,19 war dies sicherlich noch im 5. Jh. n.Chr. der Fall.[49]

Die ApkPet ist vollständig nur in äthiopischer Schrift erhalten geblieben, dessen Text aber nach der Stichometrie des Nikephoros dem vorherigen Umfang entspricht.

Die Stichometrie des Nikephoros aus dem 9. Jahrhundert ist ein Kanonverzeichnis mit einer Listung u. a. „diejenigen des Neuen, denen widersprochen wird"

Apokalypse des Johannes	1400 Stichen
Apokalypse des Petrus	300 Stichen
Brief des Barnabas	1360 Stichen
Evangelium der Hebräer	2200 Stichen

Apokryphen des Neuen sind folgende:

Wanderung des Paulus	3600 Stichen
Wanderung des Petrus	2750 Stichen
Wanderung des Johannes	2500 Stichen
Wanderung des Thomas	1600 Stichen
Thomasevangelium	1300 Stichen
Die Lehre der Apostel (Didache)	200 Stichen
32 (Bücher) des Klemens	2600 Stichen
Schriften des Ignatius, Polykarp und des Hermas ...	

---

[49] *Grebern S. Oegema* Zwischen Hoffnung und Gericht. Untersuchungen zur Rezeption der Apokalyptik im frühen Christentum und Judentum S.152

Diesen Schriften wurde z. T. erst im 9. Jahrhundert widersprochen. Die Lehre der Apostel als erste Zusammenfassung organisatorischer Natur wurde weiter als Kirchenlehre ausgebaut, sodass der Urtyp der Apostel an Bedeutung verlor. Das spätere Thomasevangelium gehörte der Gnosis an, die bereits abgelehnt wurde. Die Wanderungen von vier Aposteln bekamen legendare Züge. Die Bücher des Petrusschülers Klemens und die des Ignatius rückten ins Schattendasein und mit dem beliebten Hirten des Hermas verschwand die letzte große christliche Apokalypse aus der Schriftensammlung.

Die Apokalypse des Apostel Johannes (die Offenbarung) aber wurde an das Ende des christlichen Kanons gestellt. Der Barnanbasbrief als Zeuge des Chiliasmus verlor mit der Macht der Kirche auf Erden an Bedeutung und das Hebräerevangelium ist verloren gegangen.

Die ApkPet*äth* hat, wie im vorigen Abschnitt bereits angesprochen, eine Stelle mit Nähe zu dem Weltverführer (Did 16,4b) als Verführer, weshalb *Henoch* und *Elia* gesandt werden würden,

> „um sie zu belehren, daß das der Verführer ist, der in die Welt kommen und Zeichen und Wunder tun muß, um zu verführen" – ApkPet 2

Im Kontext ging es um die Parusie (ApkPet*äth* 1), und Petrus fragt Jesus nach der Bedeutung des Gleichnisses vom Feigenbaum, denn Jesus sagte, dass bei seinem sproßen „das Ende der Welt" käme. Seine Antwort war unmissverständlich: Der Feigenbaum ist das Haus Israels, dem während der *Parusie* wieder Triebe in Form von „*lügnerischen Messiasse*" *(pl)* sproßen werden. Wegen der „*Bosheit seines Tuns*" *(sg)* wenden sie sich von Jesus ab hinter ihnen her.

> Und wenn sie ihn verschmähen, wird er mit Schwertern (Dolchen) morden, und es wird viele Märtyrer geben. Alsdann werden die Zweige des

Feigenbaumes, d.h. des Hauses Israels, treiben, allein es werden viele durch seine Hand Märtyrer werden.[50]

Nach dieser Beschreibung bringt der Trieb des Hauses Israel den Verführer hervor und hat einen maßgeblichen Anteil am heimtückischen hinmorden (Dolchen!) von Widerständlern, die demjenigen wiedersprechen, den die Didache den Weltenverführer nennt! Der Wechsel zwischen *plural* und *singula* fügt sich gut in das Bild von den Adlern *(pl)*, die am Leib *(sg)* versammelt werden. Die Adler-Vision beschreibt diesen Weltenbeherrscher am Ende mit drei Köpfen. Bei Johannes geht Propaganda gleich drei Fröschen (Apk 16,13-16) von Satan und seinen politischen Größen aus. Sie versammeln die Menschen „zum Krieg des großen Tages Gottes".

Wie aber kommt nun Elia, der Feuer vom Himmel anfordern konnte, um die Herzen Israels für Gott zurückzugewinnen? Und wie kommt Henoch, und was für eine Bedeutung hat sein Erscheinen?

Über Elia und den Großen Tag Jehovas sprechen Maleachi und Joel, weshalb nach der letzten großen christlichen Apokalypse (Hirt des Hermas) Artikel die Zusammenhänge aus Sicht der neuen biblischen Chronologie erläutern werden.

Bevor auf Henoch eingegangen wird, wird auf den Fund eines Botes mit den Ausmaßen der biblischen Arche in 2150 Metern Höhe auf dem Ararat eingegangen. Das soll uns eine Realität vor Auge führen, die der Informationspolitik ein Dorn im Auge ist und der sie stetig widerspricht oder einfach wegschaut, um sie als unwahr, nicht so wichtig oder nie geschehen hinzustellen!

---

[50] *C. Detlef G. Müller* Offenbarung des Petrus. *Wilhelm Schneemelcher* Neutestamentliche Apokryphen II (6. Aufl. 1997, Seite 567)

Henoch steht als Vertreter der Zeit vor der Flut für die Aufklärung dieser Epoche einschließlich der hohen Lebensalter. Diese Kenntnis soll zu einem präzisen Zeitverständnis beitragen, das es uns ermöglicht, die Siebener der göttlichen Zeitrechnung in Sonnen- und in Mondzeiten zu verstehen und das vorausgesagte Auftreten des Adlers nach 9 ½ Zeiten/Stämmen zu erkennen und auch das Ende der Apokalypsen mit dem Weltbeherrscher als Antichrist im Zeitkonzept, personell und in den beschriebenen Sachlagen zu erfassen!

1.3.4 Die christliche Apokalypse des Hermas

Der „Hirt des Hermas" ist eine christliche Schrift aus der ersten Hälfte des 2. Jh.s n. Chr. (120-140)/Fn.: Teile sollen gar auf die Jahre 95-100 n.Chr. zurückgehen. Die Datierung hängt aber wesentlich vom Canon Muratori ab.[51]

Der Hirt des Hermas (Herm) passt als Titel über das Hirtenbuch, das jedoch erst in der fünften Vision dieses Buches einsetzt. Die ersten vier Visionen gehen von einer Frau aus, die für die Versammlung (Kirche) steht. In der vierten Vision empfing Hermas ein Bild der kommenden Not (Herm Vis IV 1,1).

Er bekommt von einer Stimme gesagt: „Zweifle nicht, Hermas", worüber er sich wunderte, da ihm kein Grund zum Zweifel bewußt war. Später sah er eine Staubwolke, die größer wurde, ein Phänomen.

Die Sonne brach kurz durch, und siehe da, ich sah ein riesiges Tier wie ein Meerungeheuer. Aus seinem Maul sprangen feurige Heuschrecken heraus. An die 100 Fuß war das Tier lang. Ein Kopf hatte es (groß) wie ein Faß. – Herm Vis IV 1,6[52]

Hermas betet ängstlich und ihm kam die Stimme wieder in Erinnerung. Er fasste deshalb Mut und geht auf das Tier zu:

Als ich auf das riesige Ungeheuer zukam, legte es sich auf die Erde, streckte nur seine Zunge heraus und blieb bewegungslos liegen, bis ich an ihm vorbeigegangen war. Am Kopf des Tieres waren vier Farben: Schwarz, Feuer- und Blutrot, Gold und Weiß. – Herm Vis IV 1,9-10[53]

---

[51] *Grebern S. Oegema* Zwischen Hoffnung und Gericht. Untersuchungen zur Rezeption der Apokalyptik im frühen Christentum und Judentum, S.123
[52] *Norbert Brox* Der Hirt des Hermas (KAV 7), Seite 160
[53] *Klaus Berger und Christiane Nord* Das Neue Testament und frühchristliche Schriften, Seite 836

Dieses Wesen, ein Bild der kommenden Not (Vis IV 1,1), trägt Merkmale, die es als endzeitlicher Gegenspieler Gottes kenntlich machen. Feurige Heuschrecken aus dem Maul des Tieres sind aus der Apokalypse des Johannes als ein Reiterheer bekannt, das mit seinen Skorpionschwänzen 5 Monate lang Qualen hervorrufen konnte (Apk 9,5). Die früheste Beschreibung dieser Heuschrecken geht auf Joel zurück.[54] Durch einen Vergleich der Zeitangaben in Daniel 12 konnten die 5 Monate als Zeitraum zwischen zwei Siebenern in Mondzeiten und zwei Siebenern in Sonnenzeiten ermittelt werden, die sich zusammen auf 150 Jahre belaufen. Das Ungetüm war somit im Jahr 1870 bereits aktiv!

Was in einer Staubwolke begann wurde beim Sonnendurchbruch als Ungeheuer sichtbar. *Das Tier kam mit einer solchen Heftigkeit an, dass es eine ganze Stadt hätte auslöschen können* – Vis IV 1,8. Eine stetige Steigerung der Bedrohlichkeit kann beobachtet werden. Denoch ging die Sache für den nicht zweifelnden Hermas gut aus. Er geht an dem Tier vorüber und begegnet nach 30 Fuß eine als Braut geschmückte Jungfrau, die er aus den früheren Visionen als Kirche erkennt, und sie begrüßen sich (Vis IV 2,1-2).

> Sie antwortete: ist dir etwas (besonderes) begegnet? Ich sprach zu ihr: „Herrin, ein furchtbares Untier, das ganze Völker vertilgen könnte! Aber durch die Kraft des Herrn und sein reiches Erbarmen bin ich ihm entkommen." – Herm Vis IV 2,3[55]

Die Frau bestätigt ihm darauf, dass er glücklich entkommen sei, weil er seine Sorgen auf Gott warf und sein Herz zum Herrn geöffnet hatte im Glauben, dass es nur durch den großen und herrlichen Namen Rettung für ihn gibt.

---

[54] Siehe 1.4.2
[55] *Norbert Brox* Der Hirt des Hermas (KAV 7), Seite 160

Deswegen hat Gott seinen Engel gesandt, der über die Tiere gesetzt ist. Er heißt Thegri. Er hat dem Untier das Maul zugehalten, so daß es dir nichts antun konnte. Durch deinen Glauben bist du der großen Not entkommen, auch dadurch, daß du beim Anblick des Untiers nicht den Mut verloren hast. Geh nun hin und verkündige den Auserwählten Gottes, was er Großes getan hat. Sag ihnen, daß dieses Tier ein Sinnbild für die kommende große Not ist. – Herm Vis IV 2,4b-5a *(Berger/Nord)*

Diese Botschaft ist für unsere Zeit, weil das Tier feurige Heuschrecken spuckt, die für den Übergang von Mond- zu Sonnenzeiten stehen. In der Vision wurde erst mit dem Sonneneinfall das Untier als solches erkannt, was auf die Jahre 2020/21 schließen lässt!

Die Betrachtung der ersten vier Visionen vermitteln ein Bild starker Selbstreflektion im Schuldbewußtsein und der Buse oder der Zurechtweisung auf dem Weg wahrer Christen, um ihr Ziel zu erreichen. Das Gleichnis in der Vision vom Turmbau (Vis III) zeigt, dass die für den Turmbau geeigneten Steine (=Gläubige) in den Bau eingefügt werden können. Selbst ungeeignete Steine können eine Hoffnung an anderer Stelle haben, wenn sie mutig ihren Glauben bewahren und bereuen. Diese Vision und ihre Deutung erfassten mit großer Intensität die Wichtigkeit, sich noch vor Abschluss des Turmbaus (aus den Berufenen) einen guten Stand vor Gott zu schaffen.

Diese vier Visionen können als ein in sich geschlossenes Werk aufgefasst werden! Die nachfolgende fünfte Vision leitet die Botschaft vom Hirt des Hermas ein, die in zwölf Gebote gegliedert sind. Es handelt sich um leicht verständliche Offenbarungen ohne schwer verständliche Rätsel, die in ihrer direkten Wirkung auf den Leser den Briefen der ersten Christen überlegen sind. Es taucht deshalb die Frage auf, wie eine solch erbauende und wahre Schrift dem Kanon der Christen verloren gehen konnte?

1.3.5 Der Hirt des Hermas und die zwölf Gebote

Die Christen der frühen Zeit und ihre rasante Verbreitung war eine von Jesus angestoßende Bewegung, die durch die Wirkung des Geistes Gottes vorangetrieben wurde. Doch wieviel Geist verträgt eine zur Staatsreligion aufgestiege Bewegung noch? Am Beispiel der verdrängung der christlichen Apokalypsen wird deutlich, dass auch die Ohren der gläubigen Menschen keine Kritiken mehr hören wollen, die sie aus ihrem Zeitbild reißen! Die vierte Vision des Hermas beschreibt die kommende große Not mit einem Bild, das einen fürchterlichen Weltenherrscher beschreibt der in der Lage ist, ganze Völker zu vernichten! Der Hirt gibt dem Hermas eine Anleitung in zwölf Geboten, wie Christen den heiligen Geist in sich bewahren können. Diese zwölf Gebote sind von Hermas selbst hinterfragt und vom Engel der Buse sehr detailliert erklärt worden. Sie sind für uns aktuell!

Glaube, Gottesfurcht, Enthaltsamkeit	Mand I 1-2
Lauterkeit	Mand II 1-7
Wahrheit	Mand III 1-5
Sexual- und Ehemoral, Bußemöglichkeit	Mand IV 1,1-4,4
Geduld (Jähzorn)	Mand V 1,1-2,8
Glaube	Mand VI 1,1-2,10
Furcht	Mand VII 1-5
Enthaltsamkeit	Mand VIII 1-12
Keine Zweifel	Mand IX 1-12
Traurigkeit	Mand X 1,1-3,4
Propheten (falsche Propheten) Vertrauen	Mand XI 1-21
Begierde (gute und böse)	Mand XII 1,1-6,5

Der Hirt nennt sichere Kriterien, wie wahre von falschen Propheten unterschieden werden können. Die Geistesgaben an die christlichen Propheten wurden durch falsche Propheten imitiert und commerzialisiert. Im elften Gebot zeigt der Engel dem Hermas Menschen auf einer Bank und ein weiterer Mensch auf einem Sessel sitzen.

„Das sind Gläubige … und der auf dem Sessel ist ein falscher Prophet; er bringt die Diener Gottes um ihren Verstand; allerdings bringt er nur die Zweifler darum, nicht die Gläubigen. Ein Zweifler kommt nun wie zu einem Wahrsager gelaufen und fragt ihn danach aus, was ihnen die Zukunft bringt. … Wer den Geist von oben hat, ist in erster Linie sanft und ruhig, demütig und frei von jeder Schlechtigkeit und von eitlen Begierden dieser Welt, macht sich geringer als alle Menschen, gibt grundsätzlich niemandem auf Befragen hin eine Antwort und redet auch nicht im geheimen; und der heilige Geist redet auch nicht dann, wenn ein Mensch es wünscht, daß er redet, sondern er redet nur dann, wenn Gott will, daß er redet." – Herm Mand XI 1b-2a.8 *(Brox)*

Die geachteten Propheten hatten als Charismaten eine Sonderstellung in den Versammlungen. Die Geistesgaben ab Pfingsten 30 u. Z. wurden vom Geist mit Joels Prophezeiung in Verbindung gebracht (Apg 2,1-21).

Und es geschieht hernachmals, ich werde meinen Geist ausgießen über alles Fleisch, und es prophezeien eure Söhne und eure Töchter; eure Ältesten träumen Träume, eure Jünglinge schauen Gesichte. Und auch über die Knechte und Mägde gieß' ich aus in selbigen Tagen meinen Geist. Und ich gebe Zeichen am Himmel und auf Erden Blut und Feuer und Rauch=Säulen. Die Sonne wandelt sich in Dunkel, und der Mond in Blut, ehe der Tag Jehovas kommt, der große und schreckliche. Dann geschieht es, wer Jehova's Name anruft, der wird gerettet; denn auf dem Weg Zion und zu Jerusalem ist Rettung, so wie Jehova gesprochen, und unter den Entronnenen ist, wen Jehova beruft. Denn sieh, in selbigen Tagen und zu selbiger Zeit, da werd' ich Juda's und Jerusalems Gefangenschaft zurückbringen. – Joel 3,1-6 *De Wette (1858)*

Die Zeichen an Sonne und Mond begannen in unserer Zeit mit dem Ablauf der sieben Mondzeiten 1945, was durch die Gründung Israels als Staat bestätigt wird. Sollten wir uns zum Ende der sieben Sonnenzeiten 2020/21 auf neue Gaben des Geistes einstellen? Die zwölf Gebote sind eine bedenkenfreie Anleitung, im heiligen Geist zu wandeln und den bösen Geistern keine Herrschaft über uns zu gestatten! Sie bieten aber noch mehr … *(siehe Fortsetzung)*

1.3.6 Die zwölf Gebote des Hirten im Vergleich

Die zwölf Gebote schmiegen sich aus chronologischer Sicht eng an die zwölf Zeitabschnitte des Baruchs (BarApk*syr* 27). Das geht aus Beobachtungen hervor, die wir leicht selbst nachvollziehen können. Legen wir allein die Überschriften zu den zwölf Geboten zugrunde und setzen diese in einen Vergleich fällt auf, dass die Anordnung der Gebote eine eigene Sprache in sich tragen!

Nehmen wir die oben bereits angesprochenen „falschen Propheten", an denen sich das 11. Gebot festmacht. Der 11. Abschnitt der Baruch-Apokalypse spricht von „Unzucht und Exzess", was zunächst einmal unauffällig erscheint. Dieser 11. Abschnitt wurde mit dem 11. Flügel der Adlervision identifiziert, in Person George W. Busch. Von ihm kann gesagt werden, er sei ein falscher Prophet. Er hat die Anschläge vom 11. September 2001 genutzt, um die USA und die übrige Welt zum Krieg gegen die von ihm so genannten Schurkenstaaten aufzurufen. Sein Vorgehen eskalierte zum Kampf der Kulturen, bei der seine eigenlichen wirtschaftlichen und machtpolitischen Interessen zum Vorschein kamen.

Die Anschläge vom 11. September 2001 fanden am Ende vom 10. Abschnitt statt und wurden in BarApk als „große Freveltat" gedacht. Als mutmaßlicher Drahtzieher wurde Osama Bin Laden während der Regierungzeit von Barak Obama in seinem Haus hingerichtet. „Andere wiederum werden etwas von sich und was von anderen ist, vollstrecken" – BarApk 27,15b. Zu seiner Vollstreckung gehörte die Enthaltung bei einer UN-Resulution! Mit dem 12. Gebot „böse und gute Begierde" wird im 12. Abschnitt der BarApk die „Unordnung und Vermischung" vorher genannter Erscheinungen angesprochen.

Die zwölf Gebote (Herm Mand I-XII) im Hirt des Hermas

Glaube, Gottesfurcht, Enthaltsamkeit	Mand I 1-2
Lauterkeit	Mand II 1-7
Wahrheit	Mand III 1-5
Sexual- und Ehemoral, Bußemöglichkeit/-frist	Mand IV 1,1-4,4
Geduld/Jähzorn	Mand V 1,1-2,8
Glaube	Mand VI 1,1-2,10
Furcht	Mand VII 1-5
Enthaltsamkeit	Mand VIII 1-12
keine Zweifel	Mand IX 1-12
Traurigkeit	Mand X 1,1-3,4
falsche Propheten, Propheten, Vertrauen	Mand XI 1-21
böse und gute Begierde	Mand XII 1,1-6,5

Die zwölf Zeitabschnitte der Baruch-Apokalypse (ApkBar*syr* 27)

(1) Er antwortete mir: Jene Zeit ist in zwölf Abschnitte geteilt und jeder von dieser ist aufgehoben für das für ihn vorgesehene.

1. (2) Im ersten Abschnitt beginnen die Unruhen einzutreten.
2. (3) Im zweiten das Hinschlachten der Großen.
3. (4) Im dritten sinken viele (Menschen) in den Tod.
4. (5) Im vierten Abschnitt wird das Schwert entsandt.
5. (6) Im fünften kommt die Hungersnot und Regen wird festgehalten.
6. (7) Im sechsten bebt die Erde,
7. und Spaltungen reißen ein.
8. (9) Im achten Abschnitt sind viele Gespenster und Dämonenzulauf.
9. (10) Im neunten Abschnitt fällt das Feuer herab.
10. (11) Im zehnten (geschehen) Vergewaltigung und große Freveltat.
11. (12) Im elften Abschnitt (geschehen) Unzucht und Exzess.
12. (13) Im zwölften dann: Unordnung und Vermischung von dem, was vorher schon genannt wurde.

(14) Diese Zeitabschnitte werden sich (gegenseitig) erst verweigern, dann aber untereinander vermischt werden und einander helfen.

(15) Denn einige halten etwas von sich zurück und nehmen (dafür) von anderen an. Andere wiederum werden etwas von sich und was von anderen ist, vollstrecken. So sollen die Bewohner dieser Erde in jenen Tagen nicht einmal bemerken, daß das Ende aller Zeiten gekommen ist.

Biblische Offenbarungsschriften über den letzten großen Weltbeherrscher

Die zwölf Zeitabschnitte (ApkBar*syr* 27) und die zwölf Wochen

1. 1932-1939 Weltwirtschaftskrise
2. 1939-1945 Zweiter Weltkrieg
3. 1945-1953 Atombomben (Japan)
4. 1953-1960 Korea (Krieg)
5. 1960-1967 Rassenunruhen und die Bürgerrechtsbewegung (King)
   [Kennedy] Befreiungsbestrebung der Dritten Welt
6. 1967-1974 Studentenproteste, Unruhen, Bürgerkriege
7. 1974-1981 Watergate-Affäre (Nixon, Rücktritt im Aug. 1974)
8. 1981-1988 viele Anschläge gegen Politiker
9. 1988-1995 Ethnische Säuberungen (Ruanda/Bosnien/Herzegowina)
10. 1995-2002 Clinton-Lewinsky-Affäre / 9/11 Anschlag auf das WTC
11. 2002-2009 Kriege gegen Schurkenstaaten / IMMO-Krise/Enteignung
12. 2009-2016 Weltfinanzkrise / (V15) Vollstreckung (Osama Bin Laden)

Zwölf Flügel und zwei Nebenflügel in den zwölf Zeitabschnitten

F1. 1929-1933 Herbert Hoover	Weltwirtschaftskrise
F2. 1933-1945 Franklin D. Roosevelt	Zweiter Weltkrieg
Winston Churchill	
Josef Stalin	
Adolf Hitler	
F3. 1945-1953 Harry S. Truman	Atombomben (Japan)
F4. 1953-1961 Dwight D. Eisenhower	Korea (Krieg)
F5. 1961-1963 John F. Kennedy	Cuba-Krise/Ermordung
F6. 1963-1969 Lindon B. Johnson	Vietnam (Luftangriffe)
F7. 1969-1974 Richard Nixon	Watergate-Affäre/Rücktritt
NF. 1974-1977 Gerald Ford	Aufgerückter Vizepräsident
NF. 1977-1981 Jimmy Carter	Schwache Regentschaft
F8. 1981-1989 Ronald Reagan	massive Aufrüstung
F9. 1989-1993 George Busch	Golfkrieg/New World Order
F10. 1993-2001 Bill Clinton	Clinton-Lewinsky-Affäre
F11. 2001-2009 Georg W. Busch	(9/11) WTC und Pentagon
	Kriege/US-Immobilienkrise
F12. 2009-2016 Barack Obama	Finanzkrise/Abhörskandal/
	Rassendiskriminierung

(1) Die Unruhen (der Massen) traten mit dem 1. Flügel Herbert Hoover und der ersten Weltwirtschaftskrise ein, wozu im 1. Gebot passend der Glaube und die Gottesfurcht auch die hervorgehoben werden aber auch mit der Enthaltsamkeit der Mangel ausgedrückt wird.

(2) Das Hinschlachten der Großen mit dem 2. Flügel Franklin D. Roosevelt, seiner Verbündeten und deren Gegner wurde im Abschnitt 1.2.8 bereits angesprochen. Im Hirt des Hermas wird im 2. Gebot dazu und für Christen passend die „Lauterkeit" betont, die den Krieg nicht mehr lernt (Neutralität).

(3) Viele Menschen sanken in den Tod, als der 3. Flügel Harry S. Truman zwei Atombomben über japanische Städte zünden lässt. Es traf die Zivilbevölkerung und entschuldigt wurde sich dafür bis heute nicht. Im Hirt des Hermas wird als 3. Gebot die „Wahrheit" herausgestellt.

(4) Das Schwert wird entsandt, als der 4. Flügel Dwight D. Eisenhower gegen Korea den Krieg eröffnet, worauf der Hirt des Hermas im 4. Gebot die „Bußefrißt" nennt, die wohl nach dem 2. Weltkrieg mit dieser Handlung abgelaufen war.

(5) Im fünften kommt die Hungersnot und Regen wird festgehalten. Der geistige Hunger der Massen wird nicht gestillt und Bewegungen für Bürgerrechte durch Attentate gegen führende Persönlichkeiten geschickt ausgebremst. Im 5. Gebot sind deshalb passend für Christen die „Geduld" und der Abstand zu „Jähzorn" gefragt.

(6) Im sechsten bebt die Erde, (7?) und Spaltungen reißen ein. Die 1967er sind von Studentenprotesten, Unruhen und Bürgerkriegen geprägt. (7) Nach der Watergate-Affäre und dem Rücktritt des 7. Flügels Richard Nixon sind mit den zwei schwachen Nebenflügeln Gerald Ford und Jimmy Carter deutliche Risse spürbar. Im 6. Gebot wird der „Glaube", im 7. Gebot die „Furcht" betont.

(8) Im achten Abschnitt sind viele Gespenster und Dämonenzulauf. Gespenster sind unsichtbar und können wie bockgestaltige Dämonen bei Nacht erschrecken, wie das Terroristen häufig getan haben. Es wurden im achten Abschnitt viele Anschläge gegen Politiker verübt, aber der größte Dämon ist und bleibt die durch den 8. Flügel Ronald Reagan veranlasste schwere atomare Aufrüstung. Der Hirt des Hermas gibt als 8. Gebot die „Enthaltsamkeit" vor, die angesichts des atomaren Wettrüstens und der sich daraus ergebenden Gefahren angemessen erscheint!

(9) Im neunten Abschnitt fällt das Feuer herab. Ethnische Säuberungen verschlingen gleich Feuer vom Himmel Bürger bestimmter Völker ganzer Landstriche. Der 9. Flügel Georg Busch verkündet seine New-World-Order. Im 9. Gebot fordert der Hirt des Hermas dazu auf, „keine Zweifel" aufkommen zu lassen. Das System wird weder durch ethnische Säuberungen noch durch eine vom Adler verordnete Neue-Welt-Ordnung gerecht!

(10) Wie bereits erwähnt, war die „große Freveltat" am Ende des 10. Abschnitts die Anschläge vom 11. September 2001, wofür das 10. Gebot, die „Traurigkeit" passend platziert ist. Der erste Teil vom 10. Abschnitt der Apokalypse des Baruch enthüllt jedoch auch, dass Vergewaltigung geschieht. Der 10. Flügel Bill Clinton geriet in den Vergewaltigungsvorwurf und es wurde deshalb ein Amtsenthebungsverfahren eingeleitet.

(12) Im 12. Abschnitt ist die „Unordnung und Vermischung" vorher genannter Erscheinungen angesprochen, etwa „von jedem etwas". Die Amtszeit des 12. Flügel Barak Obama ist z. B. von wirtschaftlicher Unruhe, aber auch von schweren Rassenunruhen und einem Spionageskandal (1/5/7) gekennzeichnet. Das 12. Gebot „böse und gute Begierde" betont immerhin richtiges Bestreben z. B. mit dem Iran eine „gute" Vereinbarung zu treffen oder eine Verurteilung der Siedlungspolitik durch die UN (durch Stimmenthaltung) zuzulassen.

Die böse Begierde um die Weltherrschaft ist durch die Enthüllungen von Adward Snowden sichtbar geworden! Auch die mangelnde Verurteilung Obamas von Rassismus und Mord durch die Polizei lässt die wahren Machtverhältnisse im Land erkennen. Einige Gerichte lehnen zwischenzeitlich die Todesstrafe ab, da diese praktisch nur als Instrument gegen Schwarze eingesetzt wird.

Die chronologische Ordnung der zwölf Gebote vom Hirt des Hermas begleitet die zwölf Zeitabschnitte der Baruch-Apokalypse, die mit den zwölf Flügeln und zwei Nebenflügeln Esra-Apokalypse verwandt sind und die Zeit von 1932 bis 2016 gut im Blick haben!

Die Frage, was danach kommt, kann der Hirt des Hermas auch durch das beantworten, was davor war! Das klingt eigenartig, doch wird sich im nächsten Abschnitt zeigen, dass der vorausgehende Turmbau Steine aus zwölf Bergen gewinnt, die für zwölf Zeitabschnitte stehen, die noch nicht abgeschlossen sind!

1.3.7 Die zwölf Berge aus den Gleichnissen des Hermas

Die zwölf Berge und das Feld im neunten Gleichnis sind als Steinlieferanten für den Bau des Turmes beschrieben, der bereits in der dritten Vision angesprochen wurde und dort der vierten Vision vom Tier, das die große Not verursacht, vorwegging. Diese Anordnung macht eine Überprüfung der 12 Berge als 12 Zeitperioden sinnvoll, in denen die Steine aus den Völkern für den Turmbau eingesammelt werden (Herm Sim IX 1,1-2,7; 17,1-29,3). Da diese Einsammlung erst in christlicher Zeit einsetzte, entspricht der Zeitrahmen nicht gewöhnlich dem der jüdischen Apokalypsen.

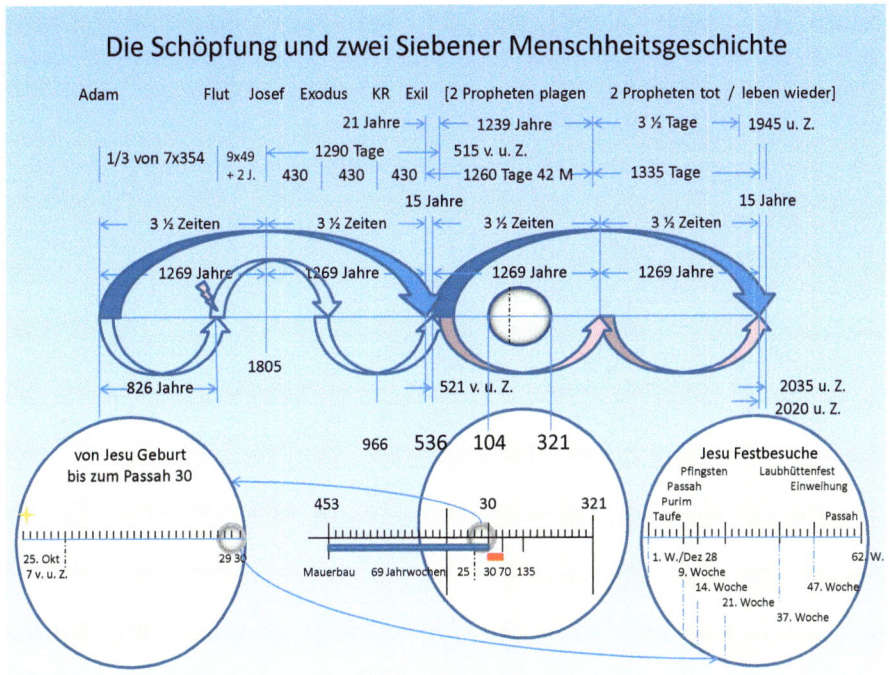

Doch ist derselbe Ursprung nicht zu leugnen. Die 12 Berge setzen zu einer Zeit ein, die als „schwarz wie Ruß und darauf als „kahl, ohne jede Vegetation" bezeichnet wird. Die Fundamente und unteren Reihen des Turmes waren bereits gelegt. Es gab bereits vier Generationen von Steinen, die verbaut wurden. Deshalb ist es naheliegend, mit der Zeit der Kirche als Staatsreligion einzusetzen.

Dafür spricht, dass auch der erste Siebener nach einem Drittel die Flut als einschneidendes Geschehen kannte. Das 4. Jahrhundert eignet sich auch historisch gut für die obige Bildbeschreibung. Für die Berechnung im zweiten Siebener stehen dafür als Ausgangspunkt die Jahre 521, 515 und 503 v. u. Z. zur Verfügung. Es waren die Rückkehr aus dem Exil, der Tempelneubau und die große Kalenderreform. Bei einem Kalender mit 364 Tagen/Jahr sind die Abweichungen zu berücksichtigen, die sich aus den Angleichungen der Tage und Jubiläen ergeben. Wie wir sehen werden, ergibt eine doppelte 70er-Struktur je Berg/Zeitabschnitt Sinn!

	Ein Berg …	Sim IX	Sim IX
1	schwarz, wie Ruß	1,5a	19,1
2	kahl, ohne jede Vegetation	1,5b	19,2-3
3	voll Dornen und Disteln	1,5c	20,14
4	halb verdorrte Pflanzen	1,6	21,1-4
5	felsig, aber hatte grüne Pflanzen	1,7a	22,1-4
6	voller Spalten, welke Pflanzen	1,7b	23,1-5
7	stand in Blüte, Tiere und Vögel fanden Nahrung, vermehrte sich	1,8a	24,1-4
8	voller Quellen, alle tranken daraus	1,8b	25,1-2
9	kein Wasser, wüst, tödliche Tiere und Schlangen, für Menschen tödlich	1,9a	26,1-8
10	mächtige Bäume, schattig, Schafe	1,9b	27,1-3
11	dichte Bäume mit leckeren Früchten	1,10a	28,1-8
12	ganz weiß, entzückend und schön	1,10b	29,1-3

Sieben Sonnenzeiten dritteln sich auf (2555/3) ~ 852 Jahre. Von den drei infrage kommenden Daten 521, 515, und 503 v. u. Z.[56] aus sind die Jahre 332, 338 und 347 u. Z.[57] im Visier.

	Ein Berg ...	332	338	347*
1	schwarz, wie Ruß	472	478	487
2	kahl, ohne jede Vegetation	611	617	626
3	voll Dornen und Disteln	751	757	766
4	halb verdorrte Pflanzen	890	896	905
5	felsig, aber hatte grüne Pflanzen	1030	1036	1045
6	voller Spalten, welke Pflanzen	1169	1175	1184
7	stand in Blüte, Tiere und Vögel fanden Nahrung, vermehrten sich	1309	1315	1324
8	voller Quellen, alle tranken daraus	1448	1454	1463
9	kein Wasser, wüst, tödliche Tiere u. Schlangen, für Menschen tödlich	1588	1594	1603
10	mächtige Bäume, schattig, Schafe	1727	1733	1742
11	dichte Bäume mit leckeren Früchten	1867	1873	1882
12	ganz weiß, entzückend und schön	2006[58]	2012[59]	2021[60]

---

[56] (1.4.6) Was ist an dem Jahr 503 so bedeutsam? Es ist das Jahr der Kalenderreformen schlechthin, den in diesem Jahr fielen am 27. März (gregorianisch = 21. März) der Beginn von Sonnenjahr und Mondjahr praktisch zusammen. Die Mondsichel wurde am Abend des 26. März sichtbar und das ägyptische Wandeljahr hatte gerade den 1. Kiyak, d. h. den vierten Monat.
[57] Der Kalender mit 364 Tagen/Jahr ist mit der Woche synchronisiert und erzeugt einen Wandeljahreseffekt, sodass 12 Jubiläen (12x49) zwei Sonnenjahre früher enden. Deshalb beginnt die Übersicht nicht erst 350, sondern bereits im Jahr 347. Zwei Perioden (2x140) sind gegenüber dem Sonnenjahr etwa ein Jahr kürzer.
[58] Vgl. 1.1.6
[59] Vgl. 1.1.6
[60] Vgl. 1.1.1 und 1.1.6

Die Einsammlung der Steine wurde aus der Christenversammlung gefördert und kannte als einen wesentlichen Bestandteil den Ausschluss unbrauchbarer Steine. Die Lehren Jesu und seine Apokalypse (auch synoptische Apokalypse genannt) waren wesentlicher Bestandteil der geistigen Ausrichtung. Darin nahm Jesus mehrmals auf jüdische Apokalypsen bezug. Auch die Apostellehre (Didache) fokussiert einen Weltverführer (ApkPet „Verführer"; Herm „Untier") was zeigt, dass diese Vorstellungen weitergegeben wurden.

> Erst nach dem 3. Jh. begann man, den Schwerpunkt des Neuen Testaments auf Kosten der Apokalypsen mehr auf die Evangelien zu verlegen. In der Anfangsphase der Entstehung des neutestamentlichen Kanons war das apokalyptische Interesse größer, und so kann man gegen Bultmann und mit Käsemann behaupten, daß das Neue Testament „ursprünglich" eher eine apokalyptisch orientierte Sammlung von Schriften darstellte, und daß das Urchristentum eine apokalyptisch inspirierte Bewegung war. Vgl. Bultmann "Apokalyptik" und Käsemann "Anfänge".[61]

Die Apokalyptik musste der Obrigkeit und auch der Staatsreligion ein Dorn im Auge sein, weil sie deren Botschaft zumindest unterschwellig auf sich bezogen sehen musste. Der Sturz des Gottesfeindes wurde „entschärft" oder verschwand aus dem Kanon. Nur die Apokalypse des Johannes wurde später doch noch ans Ende gestellt.

> Desweiteren können wir feststellen, *daß die Apk im Zeitraum von 340 bis 380 n.Chr überwiegend nicht im Kanon aufgelistet wird.*
> Somit sollte der neutestamentliche Kanon während seiner ganzen Rezeptionsgeschichte und „bis zum Ende der Zeiten" einen Sprengstoff in sich tragen, der zu jeder Zeit unter den entsprechenden Umständen explodieren konnte.[62]

---

[61] *Grebern S. Oegema* Zwischen Hoffnung und Gericht. Untersuchungen zur Rezeption der Apokalyptik im frühen Christentum und Judentum S.178 Fn.
[62] *Grebern S. Oegema* Zwischen Hoffnung und Gericht. Untersuchungen zur Rezeption der Apokalyptik im frühen Christentum und Judentum S.179/76

Apokalypsen beschreiben in Bildern das „Ende der Zeiten", und diese Zeiten sowie die entsprechenden Umstände sind gekommen, um den Gottesfeind und seine Verführer sichtbar werden zu lassen. Die Adler-Vision (4Esr 11-12) kann als ein Steckbrief des letzten Weltherrschers bezeichnet werden und die Baruch-Apokalypse liefert weitere Details. Die christlichen 12 Gebote im Hirt des Hermas sind ein ausgesprochen guter Navigator durch die 12 stürmischen Jahrwochen, die dem Höhepunkt der Schreckensherrschaft des Untieres vorausgehen. Die Köpfe des Adlers spielen ihre Vormachtstellung gegen den Rest der Welt offen aus. Nur sind diese Apokalypsen aus dem Blickwinkel der Christen nahezu verschwunden und standen somit als Anleitung zur gegebenen Zeit nicht wirklich zur Verfügung!

Doch warum tut sich das Volk Gottes (Apk 18,4) heute so schwer, diesen Verführer zu erkennen? Die Antwort liegt auch im Fundamentalismus begründet, auf den wir gesondert zurückkommen werden. Jetzt sind die zwölf Berge als beschreibende Zeitabschnitte im Visier.

(1) Menschen, die Gott suchen, finden ihn und bekommen von seinem Geist, doch unterliegt die Wahrnehmung der Gläubigen weiterhin vielen Einflüssen, die gesteuert werden können. Das große Übel nach den überstandenen Verfolgungen der Nachfolger Christi während der frühen Einsammlung der Steine war der **schwarze Berg**, die Übernahme der christlichen Richtung als Staatsreligion im Römischen Reich. Die politische Inanspruchnahme der äußerlichen Institution Kirche störte die tatsächlichen Ergebnisse im himmlischen Bau! Viele der eingesetzten Steine dieses Berges färbten sich auch wieder schwarz und mussten letztendlich verworfen werden. Die Institution arbeitete weiter, aber die nationalen Einflüsse taten ihr Werk genauso erfolgreich. Die Rückkehr der Einheit von Religion, Staat und Gesellschaft, wie das heute der politische Fundamentalismus bewirken will, dient nicht Gott, sondern dem so auserkorenen göttlichem Staate.

(2) Der **kahle Berg**, ohne jede Vegetation, kann für sich schon als Ergebnis des niedergebrannten Berges gleich Ruß betrachtet werden! Das Nationalgefüge wurde zwar durch die Völkerwanderung beeinträchtigt, aber das geistige Elend blieb. Was war vor diesen beiden Bergen, die die Zeit von ersten Drittel des vierten bis in die Anfänge des siebenten Jahrhunderts verkörpern, anders als vorher?

Eine Wirkung des Aufstiegs der Christen und der Vermengung von Staat und Religion auf Kirche und Kanon war zunächst die Ablehnung von apokalyptischen Schriften, die den Staat verurteilen.

Was bedeutete diese einschränkende Entwicklung für die Christen? Die Naherwartung der Parusie konnte, da die Warnungen vor einem Weltenverführer bei Seite gedrängt wurden, nun ohne Hindernisse auf die Macht der Kirche auf Erden uminterpretiert werden! Nichts anderes geschieht heute im messianischen Nationalismus.

(3) Ein Berg voll **Dornen und Disteln** beschreibt Wachstumshindernisse, die uns bereits aus der Genesis bekannt sind. Wegen des Ungehorsams der ersten Menschen würden ihrem Boden Dornen und Disteln wachsen (Gen 4,18). Was für Erschwernisse stellten sich für die Christen ein?

> (1.4.3) In Arabien entsteht bis 632 unter Mohamed, dem Propheten, ein neues Reich. Ägypten fällt 640 an den Islam, der sich rasch über Palästina und Syrien in Mesopotamien und Persien ausbreitet. Innerhalb von 100 Jahren bringen arabische Heere den Islam weiter über Nordafrika bis nach Spanien. Später sind auch die Mittelmeerinseln Kreta, Sizilien, Sardinien und Korsika in islamischer Hand.

Das nahm der Christenheit wertvollen Boden zum Bebauen weg und behinderte das Wachstum der Christen in diesen Gebieten. Auch unter diesen Umständen wurden Steine für den Turmbau gewonnen.

(4) Ein Berg von **halb verdorrten Pflanzen** beschreibt das eher kümmerliche Wachstum der Zeit vom letzten Drittel des achten Jahrhunderts bis zum Beginn des zehnten Jahrhunderts. Das sogenannte Mittelalter war angebrochen, eine Zeit des Vergessens.

(5) Ein Berg **felsig, aber grüne Pflanzen** beschreibt treffend das Erwachen einiger Christen, die nach 1000 Jahre (Apk 20,1-7) Kirche (auf Erden) den Satan erwarteten, der nach tausend Jahren gegen die Nationen ausziehen würde (Apk 20,8). Auch wenn diese Ansichten unterdrückt wurden, war der Anfang für neues Wachstum inmitten von Felsen gelegt. Christen konnten durch die Offenbarung des Johannes den fatalen Irrtum, die Kirche sei das Königreich Gottes auf Erden, für sich wirksam infrageziehen.

(6) Ein Berg **voller Spalten und welke Pflanzen** beschreibt die vollzogene Trennung der romanischen Sprachen vom Latein, die ein Hindernis für die Verbreitung des biblischen Schriftgutes darstellte und dem geistigen Leben deutlich entgegen stand.

(7) Ein Berg **stand in Blüte, Tiere und Vögel fanden Nahrung und vermehrten sich**, bedeutet die Rückkehr der christlichen Laienbewegung, wie sie durch die Übersetzung von Waldems ausgelöst wurde.

(1.4.7) Die Waldemser hatten eine Übersetzung aus dem Lateinischen und wollten „als Laie ein apostolisches Leben führen ohne einem Orden beizutreten, und zu predigen ohne Kleriker zu sein"[63]. Den Sendungsauftrag beanspruchte jedoch die Institution Kirche. Im Jahre 1215 wurde von der Kirche auf dem 4. Vatikanischen Konzil festgelegt: „Ungehorsam ist Unglaube." Sie wurden aufgrund der Kirchenordnung der Häresie beschuldigt und Gegenstand der Inquisition. Die Waldemser lehnten die Kindertaufe ab, Frauen durften predigen, sie aßen kein

---

[63] Das Buch der Inquisition, 53f *Seifert/Pawlik* (1999)

Blut, schwören und lügen nicht. „Der einzig legitime Weg der Nachfolge Christi war für sie die Verkündigung."[64]

Viele der Märtyrer waren brauchbare Steine für den Turmbau.

(8) Ein Berg **voller Quellen, alle tranken daraus** zeigt, dass der Wissensdurst durch die übersetzten Abschriften der Bibel (z. B. Wycliffe 1388) gestillt wurde, obwohl der Besitz und die Verbreitung verboten war. Mit Johannes Gutenberg begann der Buchdruck mit beweglichen Lettern und er konnte 1456 die vollständige Bibel drucken. Die Grundlage für die spätere Verbreitung von Übersetzungen (z. B. Luther 1522) war bereitet!

(9) Ein Berg **ohne Wasser, wüst, tödliche Tiere und Schlangen, für Menschen tödlich**, wirkt außerordentlich bedrohlich! Die Reformation, angestoßen durch Martin Luther, führt zur Spaltung und kriegerischen Auseinandersetzungen, die im Dreißigjährigen Krieg gipfeln, bei dem ein Drittel der Bevölkerung ihr Leben verlor (1618-1648). Beteiligt waren tödliche Tiere (Dänemark, Schweden, England) und tödliche Schlangen (Söldnerheere).

Der neunte Berg sticht mit seiner für Menschen tödlichen Wirkung zwischen den vielen Quellen (achter Berg) und den schattigen Weidenden Schafen (zehnter Berg) auffällig hervor. Die Merkmale (Tiere, Schlangen) sind politisch, tückisch und tödlich, und finden sich markant im Dreißigjährigen Krieg wieder, was den bisherigen Zeitrahmen aller drei Ausgangspunkte verschiebt. Deshalb wird neben den 70+70 Jahre je Berg jetzt auch ein apostolisches Modell von 12x12 Jahren in Ansatz gebracht (rechte Spalte), bei dem der Dreißigjährige Krieg nur noch mit den letzten Jahren der laufenden Friedensverhandlungen überhängt.

---

[64] Die biblische Chronologie. Umfeld und hinterlegte Zeitrechnung (2015)

	*nach dem Kalender mit 364 Tagen	70+70*	12x12
	Ein Berg ...	347*	348[65]
1	schwarz, wie Ruß	487	492
2	kahl, ohne jede Vegetation	626	636
3	voll Dornen und Disteln	766	780
4	halb verdorrte Pflanzen	905	924
5	felsig, aber hatte grüne Pflanzen	1045	1068
6	voller Spalten, welke Pflanzen	1184	1212
7	stand in Blüte, Tiere und Vögel fanden Nahrung, vermehrten sich	1324	1356
8	voller Quellen, alle tranken daraus	1463	1500
9	kein Wasser, wüst, tödliche Tiere u. Schlangen, für Menschen tödlich	1603	1644
10	mächtige Bäume, schattig, Schafe	1742	1788
11	dichte Bäume mit leckeren Früchten	1882	1932[66]
12	ganz weiß, entzückend und schön	2021[67]	2076

(10) Ein Berg, **mächtige Bäume, schattig und weidenden Schafen**, beschreibt treffend die Epoche nach dem Dreißigjährigen Krieg, in der die Fürsten die religiöse Ausrichtung für ihre Gebiete festlegen konnten, was für einen Schutz sorgte. Gläubigen konnte die Bibel verlesen werden, wodurch geistiges Leben wieder aufblühte.

(11) Ein Berg, **dichte Bäume mit leckeren Früchten.** Diese Früchte gediehen an dichten Bäumen, christlich religiösen Richtungen (z. B. Adventisten; Baptisten; Ernste Bibelforscher; Pfingstler; Quäker uvm.), die mit ihrem jeweiligen Bemühen um die Wiederherstellung des frühen Christentums eiferten. Es beschreibt auch gut die hohe Bibelverbreitung, lecker auf der Suche nach Wahrheit.

---

[65] Ein Jahr mehr ergibt sich ohne die Abweichung vom 364 Tage/Jahr. Jede der 12 Perioden ist 4 ½ Jahre länger als nach dem Qumran-Kalender (links).
[66] Vgl. 1.1.6
[67] Vgl. 1.1.1 und 1.1.6

(12) Ein Berg, **ganz weiß, entzückend und schön.** Was soll damit ausgedrückt werden? In dieser Phase findet der Durchbruch statt, den Hermas in der vierten Vision erleben konnte. Die zwölf Berge und das Feld im neunten Gleichnis sind als Steinlieferanten für den Bau des Turmes beschrieben, der bereits in der dritten Vision angesprochen wurde und dort der vierten Vision vom Tier, das die große Not verursacht, vorwegging. Die große Not, die das Tier verursacht, endet in dieser Periode. Die Bezwingung dieses Endzeitgegners Gottes wischt dessen Lügen und Blutvergießen einfach weg. Michael steht während dieser Phase auf und lässt Gottes Volk aus der Bedrängnis entrinnen, womit *jeder, der im Buch aufgeschrieben gefunden wurde* gemeint ist (Dan 12,1). Die Auferstehung findet statt (Dan 12,2) und jeder erhält sein Los (Dan 12,13). Das macht diesen Berg so entzückend und schön!

Diesen zwölf Bergen wird noch ein Feld als Steinlieferant folgen, sodass angenommen werden könnte, dass einige der Nationen bis in diese Zeitperiode hinein weiterbestehen werden (vgl. Dan 7,12). Die Macht der Kirchen schwindet und der Fundamentalismus zieht auf.

Im 19. Jahrhundert ist die Geistesgeschichte von starken Umbrüchen geprägt. Ludwig Feuerbach hat den philosophischen Atheismus begründet, Karl Marx die Religion zum Opium für das Volk erklärt ... Friedrich Nietzsche hat die Gottgleichheit des Menschen verkündet und Sigmund Freud – ein wenig später – das religiöse zur Illusion erklärt. Die philosophischen Verabschiedungen der Religion haben mit dem nachwirkenden Traumata des religiös legitimierten Dreissigjährigen Krieg zu tun, in dem Millionen von Menschen in Europa ihr Leben verloren. Diese Ereignisse führten zu einem Machtabbau der religiösen Institutionen und Instanzen. Noch dramatischer als die Bibelkritik wirkte auf die religiösen Kräfte die Evolutionstheorie von Charles Darwin. Das der Mensch vom Tier abstammte und die Welt nicht in sechs Tagen erschaffen wurde, dies war und ist unvereinbar mit einem religiös-konservativen Weltbild, das die Schöpfungsgeschichte wörtlich auslegt.[68]

---

[68] *Francis Müller* Der protestantische Fundamentalismus in den USA. Die Geschichte einer modernen Protestbewegung gegen die Moderne. (2008)

1.3.8 Die Rolle des Fundamentalismus

Der Fundamentalismus ist eine Gegenbewegung zu den Entwicklungen im 19. und 20. Jahrhundert, als durch die Aufklärung die institutionellen Religionen zurückgedrängt wurden und für Wahrheitssucher ein größerer Raum entstand, aber auch die völlig neuen Herausforderungen der Moderne am Horizont auftauchten.

Der Begriff »Fundamentalismus« entstammt der Schriftenreihe einer protestantischen Gruppierung in den USA, »The Fundamentals« (1910-1915), institutionalisiert von derselben Strömung in der »World's Christian Fundamentals Association« (1919). Erst mit der Islamischen Revolution im Iran (1979) ging »Fundamentalismus« in den politischen Sprachgebrauch über. ...
Fundamentalismus ist keine Eigenbezeichnung der gemeinten Gruppen, die sie als polemisch oder diffamierend ablehnen und sich anders definieren - »entschiedene Christen«, »Evangelikale«; »Fromme« (Juden), »Gotteskrieger« (»Mudschaheddin«), »Islamisten«. Sie fühlen sich als einzig »wahre« Vorkämpfer eines »reinen« Judentums, Christentums, Islams. Als kompromissloses Volk Gottes kennen sie keine Toleranz und setzen, soweit sie die Macht haben, ihre Lesart ihrer Religion in einer wie auch immer gearteten Theokratie durch. Oberstes Ziel jedes Fundamentalismus ist der Gottesstaat - Wiederherstellung der integralen Einheit von Religion, Staat und Gesellschaft, wie sie sich im lateinischen Westen mit der Säkularisation gelockert bis aufgelöst hat. Moderner Fundamentalismus ist daher historisch gegen Aufklärung
... Fundamentalismus besonderer Art verbirgt sich im messianischen Nationalismus mancher Völker, die sich für von Gott auserwählt halten, in Vergangenheit wie Gegenwart, von Ost nach West - u. a. Japaner, ... Deutsche (bis 1945/68), ... US-Amerikaner (»Volk Gottes«, nach dem 11. September 2001 im Kampf gegen die »Achse des Bösen«) ...
Gemeinsam ist allen Fundamentalismen das Beharren auf Wörtlichkeit ihrer Heiligen Schriften, auch als beispielgebende Handlungsanweisungen. ...[69]

---

[69] Multimedialer Atlas von Brockhaus: Fundamentalismus

Die Nachforschungen christlicher Buchreligionen gehen selten auf die tatsächlichen Ursprünge zurück. Viele stocken bereits beim Einband der Luther- oder der King James Bibel. Der Umfang der Septuaginta (die Bibel der frühen Christen) und der lateinischen Vulgata wird ebenso wenig akzeptiert, wie der tatsächliche, frühchristliche Kanon. Damit entfällt ein großer Teil des Offenbarungsgutes aus jüdischer und frühchristlicher Zeit zugunsten einer oft wörtlich aufzufassenden Inspirationslehre. Um den zersetzenden Teilen der Aufklärung zu widersprechen ist Nachforschung aber dringend nötig!

Der eigentlich aus einer Geisteserfahrung entstehende Eifer ist in Bahnen gelenkt, die sich aus einer gemeinschaftlichen Identitätsfindung als Gottes Volk entwickelt haben und in einer Theologie ausdrückt werden, die leicht zu erstarren droht. Die stetig notwendigen Fortschritte (durch den Geist) kann durch dogmenähnliches Denken oder bereits erstarrte Strukturen erschwert oder blockiert werden.

Besonders tückisch ist ein national verankerter Berufungscharakter (etwa als Friedensbringer). Hier könnten selbst intakte christliche Gemeinschaften gezielt oder unterschwellig beeinflusst werden. So wird ein vermeintlich „heiliges Land" selbst für aufrichtige Bibelforscher dann zum ernsten Standortproblem.

Fundamentalismus ist instrumentalisierte Wahrheit! Die Wahrheit (im Gegensatz zur Lüge) führt zum Glauben an Gott, der alles geschaffen hat, der Maßstäbe festlegt und die Menschen im Gericht entsprechend zur Rechenschaft ziehen wird. Für eine politische Inanspruchnahme als Helfer Gottes fehlt aber jede Grundlage. Selbst rein religiöse Gemeinschaften tun gut daran, in der Beanspruchung einer Position als „Volk Gottes" vorsichtig zu sein. Es existiert sicher, da es in den Apokalypsen am Ende der Zeiten befreit werden wird, aber dennoch ist Bescheidenheit angesagt. Wenn es sich nicht bewegt, um das heutige Babylon in Groß zu verlassen, wird es auch einen Teil der Plagen empfangen (Apk 18,4)!

Der Fundamentalismus ist eine extreme Glaubenshaltung, die sich durch ihre gesteigerte Selbstwahrnehmung von anderen Richtungen stark abgrenzt. Das eigentlich Schädliche an diesem Gedankenmodell ist nicht etwa der Wahrheitsanspruch, dem sich jede Religion stellen muss (Jak 1,27), sondern die durch den einseitigen Sinneseindruck freigesetzten radikalen Kräfte. Vermengt mit ethnischen, nationalen, rassistischen oder imperialen Bestrebungen bildet sich ein eigenartiger, religiös motivierter Sprengstoff, der aus zunächst harmlosen Mitgliedern einer Gemeinschaft (Geheimgesellschaften eingeschlossen) radikale Werkzeuge für die Sache formen kann. An Stelle von Gott tritt unbemerkt ein Götze die Macht an, der vorgibt, Gott zu vertreten. Dieser Dämon ist an seinen Früchten zu erkennen, aber unsichere Menschen fallen reihenweise auf ihn rein, weil er im Kampf gegen das Böse legitim wirkt und das Gute stets in Aussicht stellt (Gen 3,5). Mehr als eine Überzeugung überschattet eine Geisteserfahrung (negativer Herkunft) die engagierten Mitglieder, was z. B. dann offensichtlich wird, wenn sie tatsächlich bereit sind, den Tod anderer Menschen zu verursachen oder billigend in Kauf zu nehmen. Zur Feststellung von Grenzüberschreitungen genügt es jedoch nicht, äußere Merkmale zu überprüfen, da sich die verborgene Mitte jedes Kleid anziehen kann, um seine Interessen durchzusetzen und dabei doch noch akzeptabel zu wirken. Der Fundamentalismus als messianischer Nationalismus verursacht moderne Kreuzzüge, heilige Kriege versteht sich, bei dem die Kulturen mit hinterlistigen Machenschaften gegeneinander ausgespielt werden. Positionen (Gut und Böse) werden nach belieben hergestellt und alles Übrige um diese geschaffenen Wahrheiten herumgebaut.

Selbstverständlich gibt es Heilige Schriften, die als Gottgehaucht (2Tim 3,16 – Paulus zitiert viel aus der Septuaginta) oder Apostolisch (so die Kirchenväter) betrachtet und als Anleitung gebraucht werden. Das Beharren auf Wörtlichkeit setzt aber eine Verbalinspiration, die Zerstörung antiker Wortbilder, einen reibungslosen Überlieferungsweg oder eine erneut inspirierte Übersetzung voraus.

Viel vernünftiger ist es, mit Paulus an die Einflussnahme Gottes auf die Bibelschreiber zu Glauben und daraus den Nutzen abzuleiten! (Röm 15,4) Nur Apokalypsen beanspruchen reine Offenbarungsschriften zu sein, inspirierte Bildnachrichten, die sich zu ihrer Zeit erfüllen werden, aber eben auch nicht buchstäblich!

> Für monotheistische Religionen des Westens (Judentum, Christentum, Islam), die hier im Vordergrund stehen, sind Anfang und Ende der Welt zentral: der Schöpfungsbericht der Bibel (Genesis [1. Mose], 1-2,3), für den Weltuntergang die jüdische apokalyptische Literatur vom Buch Daniel an und die Offenbarung des Johannes.

Auch die Aufklärung wird an diesem Umstand nicht vorbeikommen. Wie das? Es wurde versäumt, das Offenbarungsgut als Zeitkonzept von Gott kommend in Betracht zu ziehen und ernst zu nehmen. Sie sieht sich gerade mit den Schriftfunden des 20. Jahrhunderts überfordert, benötigt sie doch jahrzehntelange Veröffentlichungszeiten um ihre missliche Lage irgendwie hinzubiegen. Beim Archefund oder bei den Spuren eines Durchzugs durch das Rote Meer hätte die Bibelkritik der Sachlage nach längst zum Helfer der Glaubwürdigkeit der Schriften aufsteigen müssen, was sie versäumt. Verurteilenswert am Fundamentalismus ist nicht etwa der Glaube an die Apokalyptik, sondern deren Instrumentalisierung für politische Zwecke.

> Die Erneuerungsbewegungen kamen nicht nur von wirtschaftlicher Seite, sondern sie entstanden auch innerhalb der religiösen Welt. Im Zuge der Rationalisierung und Verwissenschaftlichung wurde die Bibel – vor allem in Deutschland – zunehmend textkritisch gelesen.
> Im späteren 19. Jahrhundert entstand der Prämillenarismus, dessen Vertreter glaubten, dass Jesus vor Beginn des tausendjährigen Reiches auf die Erde zurückkehren werde. … Alle Christen, so ungebildet sie sein mochten, konnten die Wahrheit erkennen.[70]

---

[70] *Francis Müller* Der protestantische Fundamentalismus in den USA. Die Geschichte einer modernen Protestbewegung gegen die Moderne. (2008)

Erneuerungen, die die Kirchen mehr und mehr zurückdrängten und die interne kritische Hinterfagung der Bibel schufen ein Klima, in der ein handelnder Gott kaum noch vorkam. Deshalb können der Prämillenarismus und ähnliche Bewegungen nicht rundweg verurteilt werden. Sie gehörten zur Suche nach Gott und stehen mit der Bibel auf einer traditionellen Grundlage.

> Der erste Weltkrieg wurde von den Fundamentalisten als Folge des Atheismus der Deutschen gedeutet. ... Das politische Weltgeschehen wurde apokalyptisch interpretiert.[71]

Prämillennaristen erwarteten das Ende des Systems und die Rückkehr von Israel als Staat. Erst nach sieben Mondzeiten (nach 1945) erschien dieser Staat in Palästina, weil die Zeiten der Nationen (Mat 21,24) ausgelaufen waren. Zum Ablauf der sieben Sonnenzeiten 2020/21 wird Michael erwartet (Dan 12,1).

Die scharfe Verurteilung des Fundamentalismus als Kleid eines Dämons bezieht sich ausschließlich auf die politische Inanspruchnahme, bei der das Oberstes Ziel ... der Gottesstaat - Wiederherstellung der integralen Einheit von Religion, Staat und Gesellschaft ist. Vor einer Erscheinung dieser Form am Ende der Zeiten wollen uns alle jüdischen und christlichen Apokalypsen warnen!

---

[71] *Francis Müller* Der protestantische Fundamentalismus in den USA. Die Geschichte einer modernen Protestbewegung gegen die Moderne. (2008)

1.3.9 Die Zeiten und die ersten Christen

Die Zeit der Lehrtätigkeit Jesu, sein Opfertod für die Menschheit und die Verbreitung der Guten Botschaft sind für uns von großer Bedeutung. Sie sind uns in den Berichten von Matthäus bis Apostelgeschichte erhalten geblieben. Die Missionarbriefe des Paulus an die Versammlungen spiegelt wieder, was durch den Heiligen Geist bewirkt wurde.

Die ersten Christen glaubten an die Parusie Christi, d. h. an seine Gegenwart oder Anwesenheit in einer Zeit oder der Zeit des Abschlusses des Systems der Dinge (Mat 24,3).

Der Textzusammenhang in Matthäus kennzeichnet den Abschluss des Systems Judäas mit der Zerstörung des Tempels in Jerusalem. An Zeichen war das nahende Ende zu erkennen. Jesus bewahrte seine Nachfolger, die Christen in Judäa, durch prophetische Anweisungen (Mat 24,15-28).

Findet sich in den Prophezeiungen Jesu, aufgezeichnet in Mat 24, Mar 23 und Luk 21 eine Entsprechung für *die* Zeit des Endes, über die Daniel Mitteilungen von Gott aufzeichnete?

Das wollen wir durch ein vergleichendes Studium herausfinden!

Jesus forderte seine Jünger auf, das abscheuliche und verwüstende Ding an Heiliger Stätte mit dem, was Daniel der Prophet darüber gesagt hatte, bewusst in Verbindung zu bringen.

Nun existieren im Buch Daniel gleich drei Bezugnahmen auf vernichtende Abscheulichkeiten (Dan 9,27; 11,31; 12,11). Mit den 70Jahrwochen ist eine zeitliche Fixierung in das 1. Jahrhundert möglich (Dan 9,24). Ein Anklang daran findet sich auch in Dan 8,19.

Die beiden anderen Bezugnahmen sind in *einem* Bericht enthalten und handeln von einer Epoche, die auf die Zeit des Endes, die sich noch bis zur bestimmten Zeit verzögert, hinzu läuft (Dan 11,35).

Wenn sich die beschriebenen Abläufe gleichen, beschreiben sie entweder das selbe Geschehen zur gleichen Zeit, oder aber einen gleichen Ablauf zum Geschehen einer späten Epoche, oder beides, d. h. eine bewusste Spiegelung *für* eine andere Epoche. Dieses Phänomen haben wir bereits ähnlich beobachten können.

Dieses Phänomen wurde jedoch nur im Zusammenhang mit Daniel 10-12 beobachtet. Eine willkürliche Übertragung auf andere Teile der Bibel ist damit nicht geben. Jesus verstand aus seiner vormenschlichen Existenz im Himmel die Schriften und fügte, sicherlich nicht ohne Grund, Daniel als Bezugsquelle auf. Deshalb ist es legitim, über die eigentliche Erfüllung im ersten Jahrhundert hinweg eine weitere Anwendung in einer späteren Epoche anzunehmen, sofern diese durch die Nachforschung im Bibelbuch Daniel gerechtfertigt wird (Mat 24,15).

Die drei Berichte lassen sich gut in drei Bereiche einteilen.

Priorität/chronologisch	Matthäus	Markus	Lukas
1. Pseudochrist (pl.) *+ falsche Pro.	24,4-5	13,5-6	21,8*
2. Kriege und Kriegsberichte	24,6	13,7	21,9
3. große Kriege	24,7	13,8	21,10
3. Lebensmittelknappheit	24,7	13,8	21,11
3. Erdbeben *+ Seuchen	24,7	13,8	21,11*
4. Verfolgung	24,9	13,9.11.13	
			21,12-15.17
5. Verrat / Straucheln	24,10	13,12	21,16
6. falsche Propheten	24,11		
7. Liebe erkaltet	24,12		
8. Rettung durch Ausharren	24,13	13,13	21,17-19
9. Königreichsbotschaft	24,14	13,11	21,15

Einzelerläuterungen/Anweisungen

a. abscheuliches Ding	24,15	13,14	21,20
b. Flucht	24,16-20	13,14-18	21,21
c. Drangsal *für Juden bis Zeiten	24,21	13,19	21,22-24
d. Tage verkürzt	24,22	13,20	
e. Pseudochristus falsche Propheten	24,23-26	13,21-23	
f. Kräfte der Himmel + Parusie*	24,27-31*	13,24-27	
**+ Zeichen, Ohnmacht, Furcht			** 21,25-28
g. Essen, Trinken, Sorgen – plötzlich			21,34-36

Bildvergleiche

A. Feigenbaum zuverlässige Nähe	24,32-35	13,28-31	21,29-33
B. Tage Noahs Plötzlichkeit/wachen*	24,36-42		(21,34-36)*
C. Hausherr Dieb	24,43-44	13,32-37**	*
D. Sklave verständig – übelgesinnt	24,45-51	**	
F. zehn Jungfrauen wacht beharrlich	25,1-13	**	
G. Habe übergeben/Abrechnung	25,14-30	**	
H. Scharfe – Böcke	25,31-46		

Hinweise oder Merkmale, die über Zeiten, Abläufe und Zusammenhänge Aufschluss geben:

	Matthäus	Markus	Lukas
1. Tempelzerstörung	24,1-2	13,1-2	21,6
2. Wann? Zeichen/Abschluss *Parusie*	24,3	13,3-4	21,7
3. noch nicht das Ende /nicht gleich*	24,6	13,7	21,9*
4. Ein Anfang der Bedrängniswehen	24,8	13,8	
5. Dann 4. dann 5.-9.	24,9-14		
6. Vor diesen Dingen 4.+5. 8.+9.			21,12
7. dann wird das Ende kommen / bis zum Ende ausharren*	24,14	13,13*	
5. dann … denn dann	24,16.21	13,14.19	21,20.21*
8. Drangsal / Tage verkürzt bis die Zeiten der Nationen erfüllt*	24,21.22	13,19.20	21,24*
9. sogleich* nach (auch)* … dann	24,29-31*	13,24-27	21,25-28)*

Aus den Vergleichen ergibt sich ein einheitliches Bild mit geringfü-
gigen Varianten der Betrachtungsweisen der Schreiber und unterschiedlichen Details.

Matthäus hat die meisten Bildvergleiche und gebraucht als einziger
den griechischen Begriff *parusia* für Anwesenheit bzw. Gegenwart.

Er zieht auch einen Vergleich zu den Tagen Noahs und hat als einziger eine Bezugnahme auf die Niederschrift Daniels.

Markus berichtet aus der gleichen Betrachtungsweise weniger ausführlich und verbindet das Zeugnisgeben unmittelbar mit Verfolgung.

Lukas stellt die Bedeutung der Drangsal für die Nation Judäa heraus
und nimmt damit an dieser Stelle eine historisch verbindliche Hal-
tung ein. Der Arzt Lukas erwähnt als einziger die Seuchen und geht
mehr auf die Gemütszustände wie Bedrückung, Ohnmacht oder Sorgen des Lebens ein.

Ein einheitlicher und chronologischer Ablauf ist erkennbar. Die Zerstörung des Tempels bildet den Einstieg. Die größte Gefahr sind falsche Propheten, Identitätsdiebe, die aufstehen um Menschen zu verführen. Kriege und Kriegsberichte kennzeichnen diese unsichere Zeit. Das ist noch nicht das Ende – es kommt nicht sogleich.

Gewaltige Kriege, Lebensmittelknappheit, Erdbeben und Seuchen sind erst der Anfang der Bedrängniswehen.

Nach diesen gewaltigen Ereignissen setzt die große Verfolgung ein. Verrat und straucheln, die Aktivität falscher Propheten, das Erkalten der Liebe, Hass, das Predigen unter Verfolgung und Ausharren fallen in diese Zeit.

Doch gefährlicher als die Verfolgung sind die falschen Propheten. Alle drei Evangelienschreiber nennen diese Gefahr zuerst. Lukas nennt sie nur einmal mit einer zusätzlichen Einzelheit. Das Argument, „die bestimmte Zeit hat sich genährt" wird tatsächlich auch von denen gebraucht, die auch sagen „ich bin es." Markus und Matthäus wiederholen diese Warnung und zitieren Jesu Nachdruck mit: „seht euch also vor, ich habe euch alles vorhergesagt" und „siehe, ich habe euch im Voraus gewarnt." Den Hinweis zur chronologischen Einordnung gibt Matthäus. Nur er nennt „viele falsche Propheten" *als Bestandteil* der Drangsal, die über die Christen kommen soll [4. bis 9.].

Diese Drangsal der Christen wird zeitlich von Kriegen und Kriegsberichten begleitet, was die Jünger nicht aus der Fassung bringen soll [1. und 2.].

Die Einzelanweisungen beginnen mit dem abscheulichen Ding und der historischen Flucht der Christen Judäas in die Berge [a. + b.].

Die Beschreibung der Mühsale und der großen Drangsal werden von Lukas als Folge der Erfüllung der Schriften betrachtet. Aus seinem Blickwinkel beschreibt er, dass vor diesen Dingen, d. h. der nationalen Katastrophe u. a. Verfolgung gegen die Christen einsetzen würde. Bis zum Ende des Systems würde das Zeugnis verbreitet und ausgeharrt [c.]. Er schildert damit den dramatischen Untergang der Nation und die vorausgegangenen Drangsale der Christen unter dem jüdischen System der Dinge [6.].

Matthäus und Markus verflogen die Worte Jesu mit Blick auf die Jünger. Wie Jesus sagte, muss, wenn das abscheuliche Ding auftritt, auch die Flucht einsetzen. Das Bildbeispiel vom reifen Feigenbaum haben alle drei Schreiber festgehalten. Es veranschaulicht zuverlässig die Nähe [A.]. Im Umfeld sieht man das nicht so. Der Vergleich Jesu mit den Tagen Noahs ist treffend und Lukas nimmt auf die sich daraus ergebende Gefahr Bezug, die wie eine Schlinge werden kann [B.]. Markus betont die Wachsamkeit in Verbindung mit der Verantwortung, über ein Haus zu wachen und andernfalls zur Rechenschaft gezogen zu werden. Die Apostel sind direkt angesprochen, doch „was ich euch sage, sage ich allen: Wacht beständig" – Mar 13,37 [C.]. Das war in gewissem Sinne eine Zusammenfassung der Sachverhalte, die Matthäus in einzelnen Bildvergleichen festhält [B. bis G., wobei C. Umkehrrollen mit sich bringen, die den Sinn treffen].

Als sich das vorausgesagte Zeichen an Heiliger Stätte zeigte, war die Nähe der großen Drangsal für Christen ersichtlich. Die Drangsal brach dann 70 über die Nation herein [c.]. Die Jünger Jesu waren vorher in die Berge geflohen [d.]. Erwartungsgemäß sollten jetzt die besonderen Zeichen seiner Gegenwart auftreten [f.]. Das war aber damals nicht ersichtlich [9.].

Die Bildgleichnisse machten zudem verständlich, dass jetzt eine Zeit der Verantwortung für die geistige Hinterlassenschaft folgt.

Wahre und falsche Lehrer, treue und übelgesinnte Sklaven, Jungfrauen mit genügend und Jungfrauen mit zu wenig Öl in ihren Lampen, Sklaven mit vergrabenen und Sklaven mit vermehrten Talenten, wachsame und schläfrige Hüter.

Seit dem warten Christen auf die Parusie Christi (Mat 24,27).

Die Bezugnahme auf Daniel, den Propheten sollte uns veranlassen, auch die Abläufe in Verbindung mit dem abscheulichen Ding zu vergleichen. Es handelt sich hierbei um die Geschehnisse in Daniel 11,29-45.

31 Streitkräfte von ihm werden dastehen. Sie werden das Heiligtum, die Feste entweihen und werden das beständige Opfer abschaffen und das widerliche Ding aufstellen. 32 Die sich am Bund schuldig machen, wird er durch glatte Worte zum Abfall verleiten. Aber das Volk, das seinen Gott kennt, wird sich stark erweisen und entsprechend handeln. 33 Die Verständigen des Volkes werden die Vielen unterweisen. Sie werden stürzen durch Schwert und Flamme, Gefangenschaft und Beraubung - eine Zeitlang. 34 Wenn sie stürzen wird ihnen eine kleine Hilfe gegeben, doch viele schließen sich mit Glätte an. 35 Von den Verständigen werden einige stürzen, damit unter ihnen geläutert, geprüft und gereinigt wird bis zur Zeit des Endes, denn es verzögert sich noch bis zur bestimmten Zeit – Dan 11,31-35.

Im Lichte des bereits betrachteten Ablaufs der Evangelien erscheint die Bezugnahme Daniels mit den Geschehnissen um den Untergang der Nation Judäa 70 und dem wirksamen Handeln der ersten Christen völlig identisch. Die Verfolgungen und der Abfall stehen im Zentrum, doch kommt das Ende nicht sogleich.

Eine Trennung in Scharfe und Böcke hat bisher nicht stattgefunden [H.]. Inhaltlich ist das Verhalten gegenüber den Brüdern Jesu, also derjenigen, die unter den Verfolgungen für den Namen Christi zu leiden haben, für eine gute Beurteilung entscheidend.

Die Beschreibung Daniels wirkt wie eine Abhandlung zum Thema: Heiliger Bund. Der Tempel steht für den Gesetzesbund. Die weitere Entwicklung basiert auf denjenigen, der das Gesetz erfüllt hat, Jesus Christus. Doch ist auch der Neue Bund durch Unkraut belagert und so wiederholen sich geschichtliche Abläufe, d. h. Gerichte durch eine gottfeindliche Nordmacht.

Diese Nordmacht spielt bis zu ihrem Ende die dominierende Rolle. Das globale Schaustück beginnt! Die beschriebenen Abläufe gleichen sich und beschreiben das historische Geschehen als bewusste Spiegelung *für* eine andere Epoche.

Daniel		Matthäus	Markus	Lukas
11,29	zur bestimmten Zeit	24,3	13,4	21,7
11,30	er wird den Heiligen Bund verfluchen und ... handeln	24,9-12	13,9-13	21,17
11,31	Streitkräfte ... Heiligtum entweihen	24,15	13,14	21,20
11,32	zum Abfall verleiten	24,4-5	13,5-6	21,8
11,32	Volk, das seinen Gott kennt wird sich stark erweisen	24,13 24,32-35	13,13 13,28-31	21,18.19 21,29-33
11,33	Verständige ... unterweisen die Vielen	24,45-47		
11,33	Schwert, Flamme Gefangenschaft, Beraubung	24,17,18 24,10	13,15.16 13,12	21,13 21,16
11,33	kleine Hilfe	24,15-22	13,14-20	21,20-21
11,34	viele schließen sich mit Glätte an	24,23-26	13,21-23	

Daniel		Matthäus	Markus	Lukas
11,35	von den Verständigen werden einige stürzen	24,48-51 25,1-13 25,24-30	13,36	
11:36	Erfolg, bis die Verfluchung vollendet ist	24,21,22	13,19.20	21,24
11,40	zur Zeit des Endes wird ... er in die Länder eindringen	24,7	13,8	21,10
11,41	viele werden Straucheln	24,21	13,19	21,23
11,45	zu seinem Ende kommen	24,22 24,27-31	13,20 13,24-27	21,25-28

1.3.10 Auswertung der synoptischen Jesus-Apokalypse

Die obige Studie *Die Zeiten und die frühen Christen* wurde vor etwa 20 Jahren geschrieben, noch bevor Stoffe außerhalb des allgemein üblichen Bibelumfangs ohne Apokryphen angegangen wurden. Wir haben nur rein synoptische Beobachtungen vor uns. Wie lässt sich die Jesus-Apokalypse aus den Evangelien in einen Vergleich mit den wichtigsten jüdischen und christlichen Apokalypsen bringen?

Daniel wurde bereits angesprochen und wird als Bibelbuch im hebräischen Kanon akzeptiert, von der Wissenschaft aber spätdatiert, weil diese jede Offenbarung von Gott kategorisch ausschließt.

Die Esra-Apokalypse (4. Esra), im Kanon der lateinischen Vulgata und der Bibel vieler weiterer Sprachräume, wurde durch die Adlervision in Jesu Aussagen über die Versammlung der Adler bei dem Leib/Kadaver erkannt. Einige meinen zur Begründung, der Adler müsse lediglich gegen einen Geier ausgetauscht werden, doch warum sollten sich Jesu Jünger nach einem Standort erkundigen, wo ein Geier Aß frist?

Der leuchtende Blitz, der die Gegenwart Jesu anzeigt, wird in der Wasser-Vision der Baruch-Apokalypse (syr) im Zusammenhang geboten was zeigt, dass diese Apokalypse im Gespräch war und auch weitere Apokalypsen von Jesus offen als von Gott stammendes Offenbarungsgut angesprochen wurden.

Das Gleichnis vom Feigenbaum wird in der Petrus-Apokalypse behandelt. Jesus belehrte Petrus ausführlich über die neuen Triebe.

(1.3.3) Im Kontext ging es um die Parusie (ApkPet*äth* 1), und Petrus fragt Jesus nach der Bedeutung des Gleichnisses vom Feigenbaum, denn Jesus sagte, dass bei seinem sproßen „das Ende der Welt" käme.

Seine Antwort war unmissverständlich: Der Feigenbaum ist das Haus Israels, dem während der *Parusie* wieder Triebe in Form von *„lügneri-schen Messiasse"* *(pl)* sproßen werden. Wegen der *„Bosheit seines Tuns"* *(sg)* wenden sie sich von Jesus ab hinter ihnen her.

Deshalb ist es jetzt angebracht, auch weitere Merkmale und Einzelheiten der überlieferten Worte Jesu, auch die seiner Endzeitprophezeiungen, in einen Vergleich mit dem bereits gewonnenen Gut zu bringen und auszuwerten!

(1.3.9) Die größte Gefahr sind falsche Propheten, Identitätsdiebe, die aufstehen um Menschen zu verführen.

In christlichen Kreisen wurden „falsche Propheten" in erster Linie als religiöse Führer aufgefasst, doch Vorsicht! Diese Verführer schlüpfen nur in die Rolle des Propheten. Ein Prophet spricht stellvertretend für Gott, was der Pseudoprophet nur vorgibt. Falsche Christuse sind Könige. Es sind politische Größen, die sich religiös darstellen.

(1.3.2) Und dann wird der Weltverführer erscheinen als „Sohn Gottes" und Zeichen und Wunder tun, und die Erde wird in seine Hände gegeben werden, und er wird Freveltaten tun, wie sie noch nicht geschehen sind seit Ewigkeit.[72]

Nicht vor Transaktionen einzelner Personen, sondern vor einer Regierung, die als Prophet auftritt, warnt uns die Jesus-Apokalypse!

(1.3.9) Alle drei Evangelienschreiber nennen diese Gefahr zuerst. Lukas nennt sie nur einmal mit einer zusätzlichen Einzelheit. Das Argument, „die bestimmte Zeit hat sich genährt" wird tatsächlich auch von denen gebraucht, die auch sagen „ich bin es." Markus und Matthäus wiederholen diese Warnung und zitieren Jesu Nachdruck mit: „seht euch also vor, ich habe euch alles vorhergesagt" und „siehe, ich habe euch im Voraus gewarnt."

---

[72] Did 16,6 *Kurt Niederwimmer*, KAV1, Seite 260f

Der Weltverführer nimmt also die Apokalyptik für sich in Anspruch, d. h. *die Zeit sei da* und *er selbst sei dafür bestimmt.* Schon der Teufel nutzte die Schriften für sich, um Jesus zu versuchen (Mat 4,1-11*par*). Die Bewegung, die den Begriff Fundamentalismus schuf, wurde 1910 von Öl-Milliardären während der Gärung durch eine starke US-Zuwanderungswelle angeschoben. Nationale Gefühle konnten mit einer religiösen Identitätsfindung fusionieren. Die erste Blütezeit hielt bis 1925 an, die zweite wurde durch die Attentate vom 11. September 2001 neu entfacht und eskalierte zu einem Kampf der Kulturen, auch innerhalb der Staaten spürbar.

(1.3.9) Markus betont die Wachsamkeit in Verbindung mit der Verantwortung, über ein Haus zu wachen und andernfalls zur Rechenschaft gezogen zu werden. Die Apostel sind direkt angesprochen, doch „was ich euch sage, sage ich allen: Wacht beständig" – Mar 13,37

Auf ein Haus aufzupassen, d. h. ein geistiges Gut durch Wachsamkeit zu bewahren umschloss für die frühen Christen auch die Bewahrung der Worte Jesu und der Schriften, auf die sich Jesus bezog. Das Evangelium in Form von vier Evangelien mag diesem Bedürfnis noch nachgekommen sein.[73] Die angesprochenen jüdischen Apokalypsen wurden noch viele Jahrhunderte weitergegeben, überstanden aber später teils nur knapp dem völligen Vergessen. Den Wiederentdeckungen kommt deshalb besondere Bedeutung zu! Gleiches gilt für die Apokalypsen und Schriften im frühchristlichen Kanon. Wach bleiben kann nicht deligiert werden.

(1.3.9) Als sich das vorausgesagte Zeichen an Heiliger Stätte zeigte, war die Nähe der großen Drangsal für Christen ersichtlich. … Erwartungsgemäß sollten jetzt die besonderen Zeichen seiner Gegenwart auftreten.

---

[73] Obwohl die „Vierzahl" kein wirklicher Grund war, die Überlieferung andere Evangelien so zuvernachlässigen, dass sie später verloren gingen.

Die Römer belagerten 66 Jerusalem; das Zeichen an heiliger Stätte. Christen konnten fliehen, als die Römer die Belagerung abbrachen und die Zeloten ihnen nachjagten. Das nimmt man an, da bekannt ist, dass sie in den Bergen von Pela siedelten und ein solches Verhalten aus den Evangelien abgeleitet werden kann (Mat 24,15-22*par*). Die Zeichen seiner Gegenwart blieben jedoch aus. Warum?

> (1.3.9) Wahre und falsche Lehrer, treue und übelgesinnte Sklaven, Jungfrauen mit genügend und Jungfrauen mit zu wenig Öl in ihren Lampen, Sklaven mit vergrabenen und Sklaven mit vermehrten Talenten, wachsame und schläfrige Hüter. Seit dem warten Christen auf die Parusie Christi (Mat 24,27).

Nicht für damals, sondern für heute gelten diese Dinge! Das läst sich aus den Zeichen an Sonne, Mond und Sternen ablesen. Das Zeichen an heiliger Stätte (Tempelbezirk/Jerusalem) und die falschen Christusse (Mat 24,23-26*par*) gehen dem Zeichen seiner Gegenwart (wie ein Blitz) voraus, denn … (… Mat 24,28).

> „Wo immer der Kadaver ist, da werden die Adler versammelt werden."

> Der Feigenbaum ist das Haus Israels, dem während der *Parusie* wieder Triebe in Form von *„lügnerischen Messiasse"* (pl) sprossen werden. Wegen der *„Bosheit seines Tuns"* (sg) wenden sie sich von Jesus ab hinter ihnen her. – ApkPet*äth* 1; (vgl. Mat 24,32-35*par*).

Diese Zeit der Drangsal besteht gegenwärtig und endet plötzlich (Mat 24,29-31). Die Köpfe aus der Adler-Vision wurden erst aktiv.

> (1.1.9) Der Kopf ist erwacht, hat gegen die Palästinenser aggressiv durch seine Nahostpolitik eine Zweistaatenlösung abgeschlagen, indem er am 70. Jahrestag des Staates Israel provokativ die US-Botschaft in Ostjerusalem eröffnen lies.

Über die zeitlichen Rahmenbedingungen, soweit wir sie ausmachen können, berichtet der nächste Abschnitt.

Es gibt noch eine wichtige Grundüberlegung, die wir anstellen müssen, um die Tragweite der Jesus-Apokalypse zu erfassen!

Es hat sich herausgestellt, das verschiedene jüdische und christliche Apokalypsen vor demselben Gegenspieler Gottes warnen, der/die als Gottes Sohn/lügnerische Messiasse/falsche Propheten/Untiere auftreten. Auch die Betrachtung weiterer Apokalypsen wie Joel und Maleachi bestätigen dieses Bild. Wie schon beim falschen Propheten der Johannes-Apokalypse handelt es sich um eine politische Größe! Deshalb sind auch die Teile der Jesus-Apokalypse neu zu lesen, die die lokale Flucht der Judenchristen 66-67 aus Judäa in die Berge anzusprechen scheinen. Dass die Worte Jesus auch für die Krise vor 70 u. Z. nützlich angelegt sind (was die Wissenschaft durch die Spätdatierung besteitet) bedeutet nicht, deren Gültigkeit für heute infrage zu ziehen!

Müssen Christen heute Judäa verlassen und in die Berge fliehen? Oder müssen vielleicht Gläubige anderer Länder ihre Städte verlassen, um in Sicherheit zu sein? Ein nuklearer Holocaust macht ein solches Szenario denkbar! Besteht ein Zusammenhang zum Babylon der Neuzeit, das von Gottes Volk verlassen werden soll, um ihren Plagen zu entgehen? Judäa sollte fluchtartig, sobald eine Bedrohung an heiliger Stätte sichtbar sei, verlassen werden.

> (1.3.9) Der Vergleich Jesu mit den Tagen Noahs ist treffend und Lukas nimmt auf die sich daraus ergebende Gefahr Bezug, die wie eine Schlinge werden kann.

Die Gefahr besteht im übermäßigen Konsum, der zu einem Gefühl der Sicherheit verleitet, wo keine Sicherheit mehr zu erwarten ist! Gott wird die verderben, die die Erde verderben (Apk 11,18). Das Tosen des Meeres, seine Brandung und die sich daraus ergebende Ohnmacht der Menschen wegen der Erschütterungen der Himmel (Winde) stehen als bittere Erwartung bevor (Luk 21,25.26).

Nach dieser Bedrängnis kommt die Offenbarung der Söhne Gottes. Der Menschensohn (Jesus) und alle seine Engel werden zum Gericht kommen, bei dem eine Trennung der Menschen herbeigeführt wird (Mat 25,31-46).

1.3.11 Heidenzeiten und Zeichen an Sonne, Mond und Sterne

Besteht ein Zusammenhang zwischen dem großen Zeichen im Himmel (Apk 12,1) und dem Zeichen an Sonne, Mond und Sternen (Luk 21,25*Par*), dass Jesus seinen Jüngern nahebrachte?

Dass diese Frage wirklich berechtigt ist, zeigt eine Betrachtung der Parallelen unter Berücksichtigung der neuen biblischen Chronologie, die den auslaufenden zweiten Siebener Menschheit kennt.

Die dadurch entstandene Naherwartung begünstigt ein äußerst klares Weltbild, weil sich die aktuellen Geschehen auf der Erde zur Vollendung der Zeichen an Sonne, Mond und Sternen (Apk 12,1) pünktlich eingefunden haben. Auf der Erde soll die Bedrängnis wegen des Tosens des Meeres und seiner Brandung einsetzen (Luk 21,25), weil die Kräfte der Himmel aus dem Gleichgewicht geraten (Luk 21,26). Das ist für Jesu Nachfolger das eigentlich wichtige Signal auf ihre nahende Befreiung (Luk 21,28).

Die vorausgehenden Worte Jesu über das Zertreten Jerusalems bis die Zeiten der Nationen voll sind (Luk 21,24) haben ihre Patenschaft in den sieben Zeiten:

> Das Zertretenwerden durch die Völker (oder: Heiden) und die dafür bestimmte Zeit findet sich auch Offb 11,2. – *Eduard Schweizer* NTD, Kommentar zu Luk 21,24.

In Apk 11,2 wird von 42 Monaten, d. h. 1260 Tagen gesprochen, die ein Teil der sieben Zeiten ausmachen und als Zeichen an Sonne, Mond und Sternen ausgewiesen werden können. Jesus sprach allem Anschein nach dieses Zeitgefüge an, wo das Messen des Tempels dem Zertreten des Vorhofes gegenübergestellt wurde.

Die Bedeutung dieser Zeichen an Sonne, Mond und Sternen ist aus Sicht der neuen biblischen Chronologie die Vollendung der sieben Sonnenzeiten (2017/21) und der sieben Mondzeiten (1943/57). Jesus hatte seinen Jüngern die Entwicklungen vor dem Ende des jüdischen Systems angesagt (Luk 21,20-24) und anschließend mit dem Zeichen an Sonne, Mond und Sternen *den zeitlichen Abstand* bis zu seiner Parusie mitgeteilt. Dies ist bisher als solches noch nicht erkannt worden!

Bisher konnte aus einigen Gleichnissen Jesu und dem Umstand der Parusieverzögerung im 1. Jahrhundert abgeleitet werden, dass es länger dauern wird, bis er wiederkommt.[74]

---

[74] Dazu gab es immer wieder Berechnungen, die sich auf Daniel oder die Offenbarung des Johannes bezogen, sowie Geschichtsvergleiche, um den Verlauf bis zum Ende zu erfassen: (5.3.4)

Dan 11,1-2   Die Herrschaft der Perser
Dan 11,3-4   Die Herrschaft Alexander des Großen und sein Ende
Dan 11,5   Die Grundbeschreibung der Herrschaft des Südens
Dan 11,6   Die Herrscherdynastie der Ptolemaios und ihr Ende
Dan 11,7-12   Die Herrschaft des Islam.
Dan 11,13-24   Die Oberhoheit einer Nordmacht und eine dubbiose Vision.
Dan 11,25-28   Eine Zusammenfassung der Vorgehensweise einer Nordmacht gegen und mit einer Südmacht im Widerstand gegen Gott und seinem Heiligen Bund.
Dan 11,29-45   Eine Detailbeschreibung der Abläufe bis zum Ende dieser Nordmacht.

Diese Detailbeschreibung wurde mit den Evangelien verglichen (5.3.8)

Daniel		Matthäus	Markus	Lukas
11,29	zur bestimmten Zeit	24,3	13,4	21,7
11,30	er wird den Heiligen Bund verfluchen und ... handeln	24,9-12	13,9-13	21,17

Das Zeichen an Sonne, Mond und Sternen kennt einen langen Prozess (2555 Jahre) der Entstehung und der Entrückung einer neuen Regierung (Apk 12). Dieser Prozess setzte kurz nach dem Menetekel ein, einer in den Putz der Pallastwand gedrückten Maßeinheit, die den Abbruch der 66 ½ jährigen Herrschaft Nebukadnezars und seiner Nachfolger kennzeichnete.

Daniel		Matthäus	Markus	Lukas
11,31	Streitkräfte ... Heiligtum entweihen	24,15	13,14	21,20
11,32	zum Abfall verleiten	24,4-5	13,5-6	21,8
11,32	Volk, das seinen Gott kennt wird sich stark erweisen	24,13 24,32-35	13,13 13,28-31	21,18.19 21,29-33
11,33	Verständige ... unterweisen die Vielen	24,45-47		
11,33	Schwert, Flamme Gefangenschaft, Beraubung	24,17,18 24,10	13,15.16 13,12	21,13 21,16
11,33	kleine Hilfe	24,15-22	13,14-20	21,20-21
11,34	viele schließen sich mit Glätte an	24,23-26	13,21-23	
11,35	von den Verständigen werden einige stürzen	24,48-51 25,1-13 25,24-30	13,36	
11:36	Erfolg, bis die Verfluchung vollendet ist	24,21,22	13,19.20	21,24
11,40	zur Zeit des Endes wird ... er in die Länder eindringen	24,7	13,8	21,10
11,41	viele werden Straucheln	24,21	13,19	21,23
11,45	zu seinem Ende kommen	24,22 24,27-31	13,20 13,24-27	21,25-28

Dieses Vorzeichen trat 2017[75] mit den von Jesus beschriebenen Eigenschaften auf (Luk 21,25), als sich (durch die Erwärmung der Ozeane) vermehrt schwere Hurrikans bildeten, die über Inseln und ins Festland rasten und große Wassermassen mitführten, die zur Zerstörung beitrugen. Dies ist aber erst ein Anfang, ein Vorzeichen!

Die Gegenwart *(Parusie)* (Mat 24,3) des Christus und das Aufstehen von Michael (Dan 12,1) sind aus Sicht der Chronologie deckungsgleich, d. h. sie beschreiben dieselbe Zeit und Person! Deshalb ist auch die Rettung aus der nun anstehenden größten Bedrückung der Menschheit seit dem Anfang der Welt (Mat 24,21) hier, und nicht im 1. Jahrhundert anzusiedeln! Die Nachricht über den Abschluss des damaligen Systems ist von Matthäus eng mit der Parusie des Christus verwoben worden (Mat 24,37), die aber tatsächlich wie die Sintflut einen umfassenden Abschluss darstellt, bei dem der Fortbestand der Menschheit auf dem Spiel steht! Tage werden verkürzt, um eine Rettung zu ermöglichen (Mat 24,22)[76].

Das Vorzeichen stellte sich ein und Christen sollten nun ihre gesunde Erwartungshaltung erneuern und Mut fassen, den ihre Befreiung rückt gerade an (Luk 21,28). Das Gerede über Frieden und Sicherheit ist nur ein Trugschluss, dem die Vernichtung folgen wird (1Thes 5,1-11).

Das Zeichen an Sonne, Mond und Sternen ist in eine Zeitrechnung eingebettet und damit Teil einer Zeitrechnung, eben der zweite

---

[75] (9.1.3) Auch Mondzeiten kennen Schaltungen (Dan 12,11). Vom Menetekel 539 v. u. Z. aus bemessen sich sieben Mondzeiten mit zwei Schaltungen (7x354,3671+60) bis 2001 u. Z., mit einem weiteren ½ Monat (Überhang, Dan 12,12: 1335-1260=75) als Sonnenzeitangleichung bis 2017 u. Z. Das ist, wie das Menetekel, [ein] Vorzeichen!
[76] Tage verkürzen (verstümmelt) *Wilfrid Haubeck/Heinrich von Siebenthal* Neuer sprachlicher Schlüssel zum griechischen Neuen Testament, S. 161

Siebener.[77] Deshalb standen auch Jahr, Monat, Tag und Stunde fest (Apk 9,15), als die vier Engel des Euphrat (Ein Fluss und die Lebensader des alten Babylons) losgelassen wurden, um ein Drittel der Menschen zu töten.

Das Gericht an Babylon wird in nur einer Stunde vollzogen (Apk 18,17). Wie lange ist eine Stunde und wann wird Babylon die Große gerichtet? Die Stunde ist der 24. Teil eines Tages.

(9.1.1) Bei nur einer Stunde kann ... an einem Zeitraum von 14-15 Jahren gedacht werden. Historisch können diese ~15 Jahre vom Ende der sieben Zeiten (bzw. der 70 Jahre) 536 v. u. Z. bis zur Machtübernahme des Darius 521 v. u. Z. erfasst werden, was zu der Annahme berechtigt, dass diese Verzögerung auch am Ende des zweiten Siebeners als Zeitraum für ein Gericht auftritt.

Gläubige haben folglich bis 2020 die Gelegenheit, Babylon die Große zu verlassen, „um nicht einen Teil ihrer Plagen zu empfangen" (Apk 18,4). Nach antikem Vorbild wird dieser Prozess bis 2035 beendet sein.[78]

---

[77] Zeichen an Sonne, Mond und Sterne tretten auch in Joel auf. Dort verfinstern fliegende Heuschreckenschwärme den Himmel. „Davor erbebt das Land, die Himmel haben gewankt. Sogar Sonne und Mond haben sich verfinstert, und die Sterne, sie haben ihren Glanz zurückgezogen" – Joel 2,10; (3,15). „Wunder in den Himmeln und Blut, Feuer und Rauchsäulen auf der Erde ... vor dem Kommen des großen und furchteinflößenden Tages Jehovas" – Joel 2,30-32.
[78] = BZB II. (9.1.4)

1.4.1 Maleachi über Elia und den großen Tag Jehovas

Der Prophet Maleachi zeigt die Missstände der Priester auf, die in der nachexilischen Periode die geistige Führung Judas innehatten. Er kündigt von Gott aus den Boten an, der den Weg bereiten soll (Mal 3,1) und ein Gericht an den Söhnen Jakobs (Mal 3,5-7). Jehova würde ein besonderes Eigentum hervorbringen (Mal 3,16.17).

Erst dann wird von dem Tag gesprochen, der brennt wie ein Ofen (Mal 4,1) und für Israel in einem Vernichtungsbann enden könnte (Mal 4,6), weshalb er Elia den Propheten vor dem kommenden beängstigenden Tag Jehovas aussendet (Mal 4,5).[79]

Diese Prophezeiung soll sich nach christlicher Anschauung an Johannes dem Täufer und an Jesus als Christus erfüllt haben. Johannes wurde von Jesu Jüngern als Elia aufgefasst, wie schon zuvor Jesus von den Leuten (Mat 16,13-14; Mar 8,27-28; Luk 9,18-19).

> Die Jünger besprachen sich untereinander über die Bedeutung der Auferstehung von den Toten … (Mar 9,10). Es quälte sie das Argument der Schriftgelehrten, Elia müsse zuerst kommen. Sie sahen ja Jesus in Herrlichkeit und daneben Elia. Jesus gibt den Gedanken aus den Propheten richtig wieder, verweist aber auf das über den Menschensohn geschriebene Wort (Mal 4,5-6; 3,23-24). Aus seiner Erklärung über Elia schlussfolgerten die Jünger, dass Jesus von Johannes dem Täufer gesprochen hatte (Mar 9,11-13; Mat 17,10-13).[80]

> Matthäus hat in seinem Bericht über Johannes den Täufer den Hinweis über das Streben nach dem Königreich mit Elia in Verbindung gebracht. Ein früher und fester Bezug zwischen Johannes und Elia hätte die Frage

---

[79] Mal 4,1-6 ist in einigen Bibeln auch als Mal 3,19-24 eingeteilt worden.
[80] Die Ordnung der vier Evangelien (4.1.9) … ein Volksglaube im Kontext, *Harald Schneider (2015/2016)*, Seite 249

der Jünger beim Abstieg schon vorab beantwortet. Deshalb steht hier die Volksmeinung als von Jesus berücksichtigt da: „… wenn *ihr* es gutheißt: es ist Elia, dessen Kommen angekündigt ist. Wer Ohren hat, der höre! (Mat 11,14).[81]

Als Jesus über den noch lebenden Johannes die Volksmenge befragte, was sie denn zu Johannes hingezogen habe, hat er selbst Mythen bildende äußere Merkmale beiseitegedrängt und auf den Schriftgrund verwiesen (Mat 11,7-11).[82]

Jesus zitierte Maleachi 3,1 für Johannes den Täufer als den Boten, aber für einen Johannes als Elia waren die Ansichten der Pharisäer und ein damals verbreiteter jüdischer Volksglaube verantwortlich!

Die nachträgliche Identifizierung des Boten von [Mal] 3,1a.b-4 mit Elia versucht unterschiedliche Botenkonzeptionen miteinander auszugleichen …[83]

Maleachi hat den Tag Jehovas angesprochen, von dem bereits der Prophet Joel sprach, was sein Zitat zeigt (Mal 4,5b – Joel 3,4b). Wenn Elia gesandt wird, würde seine Aufgabe darin bestehen, das Herz der Väter den Söhnen zuwenden und das Herz der Söhne den Vätern (Mal 4,6a). Hier wird ein nicht gesund erscheinendes Verhältnis wiederhergestellt oder miteinander verbunden. Das würde verhindern, dass das Land mit dem Bann der Vernichtung geschlagen wird (Mal 4,6b). Die personelle Beschreibung steht nicht für ein natürliches Vater-Sohn-Verhältnis, sondern für das Zusammenkommen der Herrschaft der Väter mit der Herrschaft der Söhne[84], welche ohne Elia unüberwindlich verloren erscheint.

---

[81] Ebda, Seite 255
[82] Ebda, Seite 250
[83] *Arndt Meinhold* BKAT XIV/8 Maleachi *(2006)*, Seite 404
[84] *Harald Schneider* Die biblische Chronologie Umfeld und hinterlegte Zeitrechnung, Seite 92f

Die Herrschaft der Väter hatte durch die Herrschaft der Makkabäer kein wirkliches Comeback erreicht, ebenso wenig durch die drei jüdischen Aufstände von 67 bis 135 u. Z.

Erst nach den sieben Mondzeiten erscheint ein neuer Staat Israel an der Stelle, wo im ersten Siebener die Väter mit den Nationen ringsum unter die Herrschaft Babylons gerieten.

Die Herrschaft der Söhne setzte erst während der Herrschaft des Darius I. mit Xerxes ein und hatte eine kontinuierliche Entwicklung. Zwischen der Herrschaft der Väter und der Herrschaft der Söhne klaffte eine zeitliche Lücke von deutlich über 70 Jahren.

Will man in den Stadthaltern Judas die Fortsetzung der Väter sehen, müsste man sich auch Fragen, warum die Söhne (königliche Nachkommen am Hof) ihren Einfluss für Juda nicht schon früher geltend gemacht haben. Erst Nehemia bewirkt einen Mauerbau.

Diese Lücke zwischen den Vätern und den Söhnen würde durch Elia überwunden werden können (Mal 4,5.6).

Sieht man die Söhne heute im projüdischen Einfluss auf den amerikanischen Kongress, kann gesagt werden, dass das Herz der Väter (Israel) den Söhnen zugewandt und auch das Herz der Söhne (in den USA) den Vätern zugewandt ist (Mal 4,6a). Doch in wie fern bewirkte Elia der Prophet diese gegenseitige Zuwendung?

Elia wurde als ein Prophet bekannt, der Feuer vom Himmel her erbitten konnte, um die Herzen Israels wieder Gott zuzuwenden (1 Kön 18,36-39).

Wurden Söhne und Väter durch Feuer vereint? Wenn der Zweite Weltkrieg als solch ein Feuer Gültigkeit besitzt, kann das gesagt werden. Die beispiellose Judenverfolgung im Deutschen Reich ab

1933, die letztendlich Millionen von europäischen Juden das Leben kostete, konnte erst mit dem Einmarsch der Alliierten 1945 beendet werden. Der große Wunsch nach einem eigenen Land führte nach dem Ablauf des britischen Mandates über Palästina 1947 zur Gründung des Staates Israel, der sich im darauffolgenden israelisch-arabischen Krieg behaupten konnte. Die Väter standen wieder auf, während sie von den Söhnen (besonders von in den USA lebenden Juden) unterstützt wurden und sich auch auf politischer Ebene eine dauerhafte gegenseitige Zuwendung herausstellte.

Die Gründung Israels entstieg dem Feuer des Elia, weil die Zeiten der Nationen (Luk 21,24) in Mondzeiten (ohne Schaltung) abgelaufen waren. Die Sendung des Elia (Mal 4,5[3,23]), konnte die Herzen der Väter und die Herzen der Söhne einander zuwenden (Mal 4,6[3,24]). Die neuzeitliche Existenz Israels ist somit Bestandteil der Erfüllung des prophetischen Wortes durch Maleachi, um den Bann vom Land abzuwenden.

Elia ist somit bereits vor dem großen Tag Jehovas erschienen und hat Väter mit Söhnen vereint. Maleachi hat den Tag Jehovas angesprochen, von dem bereits der Prophet Joel sprach (Mal 4,5b – Joel 3,4b). Deshalb folgt jetzt eine Beschreibung dieses Tages, wie ihn Joel bietet.

1.4.2 Joel und der Tag Jehovas

Der Prophet Joel schrieb über den Gerichtstag das Wort Jehovas auf (Joel 1,1). Geschildert wird, wie Insekten, Dürre und Feuer die Lebensgrundlagen Israels vernichten (Joel 1,4-20).

> Es ist ein Tag der Finsternis und der Dunkelheit, ein Tag der Wolken und des dichten Dunkels, wie Licht der Morgenröte ausgebreitet über den Bergen – Joel 2,2 *(Neue Welt Übersetzung)*

Heuschrecken mit dem Aussehen von Pferden und dem Geräusch von Wagen hüpfen auf den Bergen, erklimmen Mauern und verzerren alles einem flammenden Feuer gleich (Joel 2,2-11).[85] Eine Umkehr zu Jehova ist Israel auch jetzt noch möglich (Joel 2,12-18).

Eine solche Gerichtszeit erlebte Juda zurzeit Nebukadnezars am Ende der ersten sieben Zeiten. Es wurde zur Ratsversammlung[86] in Zion aufgerufen. Doch wurde der gesegnete Zustand wiederhergestellt und sogar die Jahre der Heuschrecken sollen ersetzt werden (Joel 2,18-35), was im zweiten Siebener am Ende der Fall ist.

Er würde Geist auf Söhne und Töchter, Alte und Junge schütten, was sich an Christen des 1. Jhd. erfüllte (Joel 3,1-5; Apg 2,1-21).

---

[85] Auf dieses Bild wird in der Offenbarung des Johannes Bezug genommen und 5 Monate Qualen angezeigt, die wie beim Stachel eines Skorpions hinter den Mondzeiten her verusacht werden. Dabei handelt es sich um die Zeit zwischen dem Mond- (354) und dem Sonnenjahr (365), die bei 2x7 Jahr-Jahren zustandekommen. Dan 12,11.12 weiss von einem Plus von 75 Tagen je Zyklus (1260 Tage = 3 ½ Zeiten / 1290 Tage incl. Schaltung / 1335 Tage = 3 ½ Zeiten incl. 75 Tagen Schaltung für 7 Zeiten).

[86] Eine Versammlung wurde im Himmel einberufen, um die Herrschaft der vier Tiere, besonders des zehnhörnigen Tieres mit dem Lästerhorn zu beenden und den Heiligen des Allerhöchsten Herrschaft zu geben (Dan 7).

Dennoch steht die Frage im Raum, wie sich vor diesem Gerichtstag, der 70 u. Z. in der Zerstörung der Stadt und des Tempels mündete, die Sonne verfinsterte und der Mond blutete? Diese Bilder sind als Ablauf von bestimmten Perioden, Sonnen- und Mondjahren zu sehen und nicht etwa bildlich an einer Regierung festzumachen. Die Zeiten der Nationen, die auch nach dem Exil Judas nicht wirklich endeten und in Erfüllung an Israel 7 Zeiten andauerten, wurden tatsächlich erst mit dem 2. Weltkrieg beendet!

> Und ich werde Wahrzeichen setzen am Himmel und auf Erden, Blut und Feuer und Rauchpilze. Die Sonne wird verfinstert und der Mond blutig, bevor der Tag Jahwes kommt, der große und furchtbare.[87]

Der Ablauf der Sonnenzeiten des zweiten Siebeners ist für das Jahr 2020/21 anvisiert. Erst dann kann eine Sonne(nzeit) verfinstert erscheinen, während eines blutigen Mondes Zeit den Ausgang der Mondzeiten im 2. Weltkrieg beschreiben!

In Joel 4,1-21 [3,1-21] wird zu einem Krieg der Küstenvölker gegen Israel in der Talebene Josaphats aufgerufen (V. 9-14). In Joel 4,15 ist dazu eine fortgeschrittene Zeitangabe zu finden:

> Sonne und Mond sind schwarz, der Sterne Glanz erloschen.[88]

Diese Beschreibung passt auf ein Geschehen jenseits der sieben Zeiten nach 2020/21 u. Z. Die bezeichneten Völker existieren heute aber nicht mehr. Sie werden für andere heute lebende Völker stehen, die zu einer Auseinandersetzung aufgerufen werden.

Vor diesem Kriegsaufruf an die Völker erfahren wir in Joel 4[3] noch einige Hintergründe, die zu diesem Aufruf führen.

---

[87] Joel 3,3 *Hans Walter Wolff* BKAT XIV/2, Seite 65 [= Joel 2,30]
[88] Joel 4,15. Ebda, Seite 86 [=Joel 3,15]

Tyrus, Sydon und alle Philistergaue werden der Raub von Silber und Gold (V.5) und der Verkauf der Nachkommen Judas an die Griechen (V.6) vorgeworfen. Diese würden von jenem Ort aus aufbrechen (V.7) und deren Nachkommen an die Sabäer verkaufen (V.8).

Hier scheint ein Wort über die Verdrängung und die Wiederbesiedlung Judas zwischen dem 2. und dem 20. Jahrhundert vorzuliegen.

Die Sichel zur Ernte (V.13) und das treten der Weinkelter als Bild für das Gericht wird auch in der Offenbarung des Johannes verarbeitet (Apk 14,14-20). Dort sind 144000 von der Erde erkaufte Menschen in Zion (Apk 14,1-5), eine ewige gute Botschaft (Apk 14,6-7) und der Sturz der Hure Babylon der Großen der Kennzeichnung zum Gericht (Apk 14,9-12) und dem Gericht selbst vorweggestellt.

Die bildlich Toten, die dann noch in Gemeinschaft mit dem Herrn sterben, sind Glücklich, weil ihre Werke mit ihnen gehen können (Apk 14,13), d. h. ihre Werke können keinen Schaden mehr im Gericht an Babylon der Großen erleiden (Apk 18,4). Glücklich ist, wer die 1335 Tage bis 2021 u. Z. erreicht (Dan 12,12).

Das Erkennen der Bedeutung des geheimen Namens (Apk 17,5) Babylon die Große, trunken vom Blut der Heiligen und der Zeugen Jesu (Apk 17,6) ist überlebenswichtig und deshalb neu zu stellen, da die Festlegungen zu unterschiedlichen Zeiten unterschiedlich verlaufen sind, sich aber dieses Geheimnis als Falle für Gottes Volk ganz plötzlich und unvermittelt stellen wird. Nicht an Kirchenaustritte oder ähnliches, sondern an eine dramatische Evakuierung von Millionen von gläubigen Menschen könnte gedacht werden. Zudem genügt schon der Ruf eines verruchten Standortes, um einem Werk in anderen Teilen der Erde ernsthaft zu schaden.

In Joel wird nach dem Strafgericht an die Küstenvölker Palästinas (V.14) Jehova von Zion und Jerusalem aus brüllen, sodass Himmel und Erde erbeben (V.16), was u. U. mit dem Tosen des Meeres (9.1.6) bereits seinen Anfang genommen hat.

Aber für sein Volk ist Jahwe Zuflucht und eine Feste für Israels Söhne[89]

Das Gericht in Joel betrifft jedoch zunächst nur die Küstenvölker, womit auch Seefahrende Völker angesprochen sein können. Das erinnert an den letztgenannten König des Nordens, der seine Pallastzelte zwischen dem großen Meer und dem Berg der Zierde aufpflanzen wird, bevor er zu seinem völligen Ende kommt (Dan 11,45).

Gegenwärtig wird Ostjerusalem als Botschaftsstandort der USA und eine Anerkennung Jerusalems als Israels Hauptstadt angestrebt, womit der König des Nordens den Süden provoziert und seinen nächsten Schritt vorbereitet.

Jerusalem als Heiligtum wird Judas Land fruchtbar machen (V.18), während Ägypten (König des Südens) wegen seiner Gewalttat zu wüsten Orten und Edom (die Araber) zu einer Wildnis werden wird (V.19). Ägypten war zurzeit Joels die herrschende Weltmacht. Deren blühende Orte sollten verödet werden.

Nach diesem Überblick über Elia durch Maleachi und Joel wechseln wir nun durch die Flut zu Henoch, der nach frühchristlicher Auffassung kommen soll.

---

[89] Joel 4,16b Ebda, Seite 86 [= Joel 3,16b]

1.4.3 Das Heiligtum und die Vision in Daniel 8

Das Heiligtum war in der Vision für „die bestimmte Zeit des Endes"
(Dan 8,15-19) von einem Horn bedrängt, dass sich aufspielte und
deren feste Stätte kippen konnte (Dan 8,9-11). Dieser Zustand
sollte 2300 Abenden und Morgen andauern[90] (Dan 8,13.14). Das
Heiligtum wurde in der griechischen Epoche allmählich übergeben.
Als der junge Alexander bei seiner Eroberung auch gegen Jerusalem
zog und ihm die Priester entgegenkamen, erkannte er das Gewand
des Hohepriesters aus einem Traum wieder.

> Diesen Hohepriester habe ich in demselben Gewande schon im Traume
> gesehen, als ich zu Dios in Makedonien mich befand. Und da ich schon
> überlegte, wie ich Asien unterjochen könnte, riet dieser mir, nicht zu
> zögern sondern wacker überzusetzten. Er selbst werde meinem Heer
> voranschreiten und mir die Herrschaft über die Perser verschaffen.[91]

Aus dieser Antwort Alexanders an Parmenion kann unterstellt werden, dass er und seine Generäle von da an Achtung für dieses Heiligtum empfanden! Alexander wurde aus dem Buch Daniel von einem Griechen berichtet, der die Perser überwinden würde, weshalb
er sich für diesen Griechen hielt (JosAnt 11/8,335-337).[92] Alexander
stürzte 331 v. u. Z. tatsächlich das persische Reich (Dan 8,5-7),
verstarb aber am 13. Juni 323 in noch jungen Jahren. Vier seiner
Generäle teilten das Reich unter sich auf (Dan 8,8), womit der Aufstieg des kleinen Hornes vorbereitet wurde. Seleukos wurde 281 ermordet, doch seine Nachkommen wuchsen in Richtung Zierde dem
Heiligtum und dem Heer der Himmel entgegen (Dan 8,9.12). Ptolemaios I. Soter regierte im Süden über Ägypten und verstarb 283
v. u. Z. Seine Dynastie bestand bis 31 v. u. Z. Die 2300 Abenden

---

[90] Siehe 8.1.1
[91] Flavius Josephus, Jüdische Altertümer 11/8,334 *Heinrich Clementz*
[92] Die Wissenschaft verneint ein vollständiges Buch Daniel zu dieser Zeit.

und Morgen als 2300 Jahre sukzessiver Übergabe aufzufassen schafft interessante Impulse für unsere Zeit, in der Jerusalem als Heiligtum (an fester himmlischer Stätte) Judas Land wieder fruchtbar machen würde (Joel 4,18[3,18]).[93] Die Eroberungen Seleukos und seine Ermordung 281 v. u. Z. stoßen 2300 Jahre später im Jahr 2020 u. Z. auf. Diese Vision (Dan 8) ist somit als ein eigener Strang zukünftiger, biblischer Chronologie aufzufassen, der in eine Epoche mit einer Zählung bis zum Tod des Königs des Nordens in der Neuzeit aufschlägt. Grundsätzlich kann eine Vision, die „für viele Tage" angelegt wurde, auch für unsere Zeit in Betracht gezogen werden (Dan 8,26). Dafür spricht die Nähe der 2300 Tage zu den 3 ½ und den 3 Zeiten in Daniel 7,12.25 und die Stimmigkeit mit dem Ablauf der Sieben Zeiten, die als kalendarische Zeiten identifiziert werden können (Apk 12,1). Die geschichtlich verwurzelte Rückkehrsituation Judas dient als Garant für einen scharfen Blick in unsere Zeit. Daniel 8 nennt explizit die Könige von Medien und Persien, die an Griechenland abtreten müssen (Dan 8,1-8.20.21).[94] Damit ist die personale Situation keine Frage der Interpretation. Sie ist deshalb für die Wissenschaft, die eine Offenbarung Gottes kategorisch ausschließt, erst später entstanden. Diese Schlussfolgerung im Rahmen evolutionärer Richtlinien zeigt, dass diese Wissenschaft für die Erforschung der zukunftsorientierten Apokalyptik nicht geeignet ist. Die zeitlichen Eckdaten bis zum Tod des Seleukos sind feststehend. Das Ableben des letzten Diadochen war der Beginn der allmählichen Übergabe des Heiligtums, welche sich 2020 u. Z. zuspitzt!

---

[93] Biblische Zahlenwerte und ihre Bedeutung – Antworten aus Sicht der biblischen Chronologie (5.3.2) zieht diese 2300 Tage für die Belagerung Jerusalems 66 und 70 u. Z. bis zur Einnahme von Masada heran.
[94] Die gleiche Eingangssituation finden wir in Daniel 10-12 vor. Der Widerstand des Perserkönigs (Dan 10,13) wird mit dem Mederkönig Darius überwunden und drei weitere Könige werden für Persien aufstehen (Dan 11,1.2), die alles gegen Griechenland aufbieten.

1.4.4 Die Psalmen Davids als Geschichtsschreibung

Betrachten wir die Psalmen aus Sicht einiger Überschriften, können wir kalendarische und zeitgeschichtliche Strukturen ausmachen.

Ps 24, *Ps^LXX 23Ü: „Am ersten Tag der Woche"*
Ps 48, *Ps^LXX 47Ü: „Am zweiten Tag der Woche"*
[Ps 72, *Ps^LXX 71:* Ende eines von fünf Psalmbücher der Bibel]
Ps 94, *Ps^LXX 93Ü: „Am vierten Tag der Woche"*
Ps 96, *Ps^LXX 95Ü: „Als das Haus aufgebaut wurde, nach dem…"*

Die Psalmüberschriften der LXX und der 24er/70er Kalender

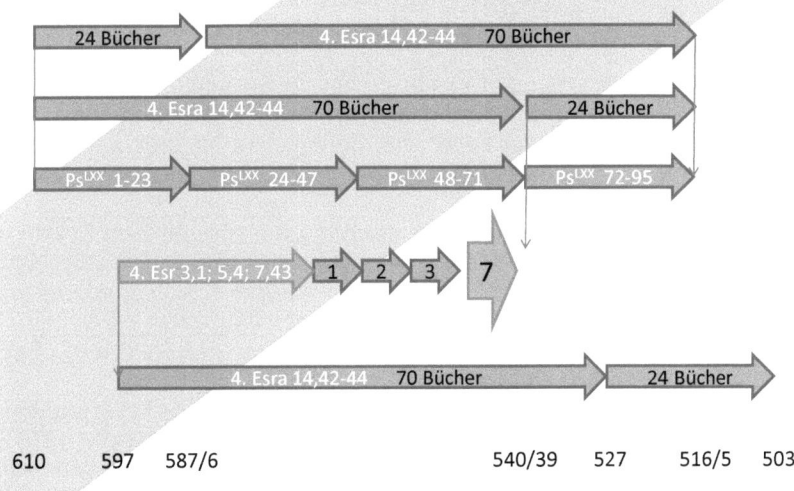

Leicht können wir die 24er Struktur als „Tage" ins Auge fassen. Schealtiel sollte von 94 Büchern (4Esr 14,42-44) 24 Bücher als Allgemeingut und 70 Bücher nur für die Weisen anlegen.

Psalm	Ort	LXX-Überschriften/Besonderheiten
1 *31. Jahr* *Josias* _{*2Kön 23,29*}	610-609	[6V] *Apg 13,33 zitiert Ps 2,7 nach einigen Handschriften als ersten Psalm, was ein Hinweis auf die Zusammengehörigkeit der ersten zwei Psalmen ist (Talmud)*
2		[12V] Ps 2 im MT / LXX ohne Überschrift *Als Kalender blickt Psalm 2 zurück auf die Ereignisse des Vorjahres, was eine Zusammenfassung mit Psalm 1 erzeugt. Sela (2)^{LXX,Vg}*
3 *1. Jahr* *Jojakims*	609-608	[Ü+8V] Ps 3,2.4.8 endet jeweils mit *sela*, ein Hinweis auf drei Feste, bei denen die auferlegte Steuer eingezogen wurde. So konnten die 100 Talente Silber und einem Talent Gold erbracht werden, die Pharao Necho dem Land auferlegte – 2Kön 23,33.35. *Sela (8)^{MT}, nicht in LXX,Vg.*
4 *2. Jahr* *Jojakims*	608-607	Ü: Auf das Ende hin, unter den Psalmen [8V] Ps 4,2.4 enden jeweils mit *Sela,* ein Hinweis auf zwei Feste, bei denen, wie im Jahr zuvor, die auferlegte Steuer eingezogen wurde. – 2Kön 23,33.35
5 *3. Jahr* *Jojakims*	607-606	Ü: Auf das Ende hin, über die, die erbt [12V] Dan 1,1-2, nachdatiert aus babylonischer Sicht, spricht aber das vordatierte 4. Jahr Jojakims an sowie die nachfolgenden Jahre der Raubzüge.
6 *4. Jahr* *Jojakims* _{*Jer 46,2*} _{*Jer 25,1.3*} _{*Jer 45,1*} _{*Da 1,1.2.5*} _{*Jer 36,1*}	606-605 *16.08.605* *17.09.605* _{*Berossus nennt jüdische Gefangene für Babylonien*}	Ü: Auf das Ende hin, unter den Hymnen, über die Achte [10V] _{Ps 12} V: Feinde (7), die Rückblickend in Erhörung (9) weichend (8) sich nach hinten abwenden (10) B.M. 21946 „Am achten Tag des Monats Ab starb er. Im Monat Elul kehrte Nebukadnezar zurück und am ersten Tag des Monats Elul bestieg er den Königsthron in Babylon." „Über die Achte" *(Im 9. Monat Kislew, Nov/Dez)*

7 *5. Jahr* *Jojakims* Jer 36,9.22 Nov/Dez	**605-604** *bis* *Jan/Feb* *604* und im 1. Jahr Apr/Mai s. u.	Ü: Ein Irrsallied *(WStB)* [17V] Ein *sela (5)* steht für Nebukadnezars Beute aus Juda. (V1-5 Rechtsempfinden – ab V6 das Jahr) B.M. 21946 *„In seinem Antrittsjahr kehrte Nebukadnezar nach Hattu zurück. Bis zum Monat Schebat marschierte er in Hattu von Sieg zu Sieg. Im Monat Schebat brachte er die reiche Beute Hattus nach Babylon."*
8 *6. Jahr* *Jojakims* 2Kön 24,1 4Esr 14,10- 11	**604-603** (1/2 Neb) Tammus, der Traubenmonat Jun/Jul 604 Apr/Mai bis Nov/Dez 604	Ü: Auf das Ende hin, über die Keltern [9V] Ps81 B.M. 21946 *„Im ersten Jahr Nebukadnezars: Im Monat Sivan rief er seine Armee zusammen und marschierte nach Hattu. Bis zum Monat Kislew marschierte er in Hattu von Sieg zu Sieg. Alle Könige Hattus kamen in seine Gegenwart, und er empfing ihren reichen Tribut."* Die Erste Weltzeit beginnt 4Esr 14,10-11
9 9,1-21^{LXX} *7. Jahr* *Jojakims* Da 2,1.10f	**603-602** (2/3 Neb) (=Kgl. 3,62) Sinnen auf etwas, Anschlag	Ü: Auf das Ende hin, über die verborgenen Dinge des Sohnes od. über den Tod des Sohnes 9+10 = [20V+18V in Form eines Akrostichons] Der 4. Buchstabe *(=Tammus Jun/Jul)* fehlt, 9,16^{MT} higgajon + *Sela* nach dem 9. Buchstaben *(= 9. M. Kislew Nov/Dez)*, 9,20 *Sela* = bezahlt werden
10 9,22-39^{LXX} *8. Jahr* *Jojakims*	**602-601** (3/4 Neb) Die Zeit nach Nebukadnezar kam über Juda	[Beginnt mit dem 12. Buchstaben *(Nisan)* und dem 14. Buchstaben *(Siwan)*, den Festmonaten, und lässt den 13. 15. und 16. Buchstaben aus.] Mit einem Akrostichon von nur 18 Buchstaben ist eine Jahresumstellung zu vermuten!
11[10] *9. Jahr* *Jojakims* 2Kön 24,1	**601-600** (4/5 Neb) *Nov-Dez* *601*	Ü: Auf das Ende hin [7V] V: Flucht (1) *Die Babylonier erleiden gegen Ägypten schwere Verluste und ziehen sich nach Babylon zurück.*
12[11] *10. Jahr* *Jojakims*	**600-599** (5/6 Neb)	Ü: Auf das Ende hin, über die Achte [8V] V: Ringsum gehen die Gottlosen umher (8) *„Über die Achte" (Im 9. Monat Kislew, Nov/Dez)*
13[12] *11. Jahr* *Jojakims*	**599-598** (6/7 Neb)	Ü: Auf das Ende hin [5V] *Anet 563R-564R: Im Kislew (9. Monat) zieht die Armee Nebukadnezars gegen Hatti aus.*

14[13] *1. Jahr* *Zedekias* <small>2Chr 36,9f Jer 52,28</small>	598-597 (7/8 Neb) *2. Adaru=* **16.03.597**	Ü: Auf das Ende hin [7V] *Anet 563R-564R Im 7 Jahr Nebukadnezars zieht er* *gegen Jerusalem, das am 2. Adaru kapituliert.* Jojakin regiert nur 3 Monate und 10 Tage. Bei der Wiederkehr des Jahres wird Jojakin ins Exil geführt und Zedekia eingesetzt – 2Chr 36,10.
15[14] *2. Jahr* *Zedekias*	597-596 (8/9 Neb)	[5V] Die zweite Weltzeit beginnt 4Esr 14,10-11
16[15] *3. Jahr* *Zedekias*	596-595 (9/10 Neb) *Hes 1,1-2*	Ü: Eine Säuleninschrift [11V] (Ü=Ps 56-60)
17[16] *4. Jahr* *Zedekias* <small>Jer 51,59 Jer 28,1.17</small>	595-594 (10/11 Neb)	[15V] Zedekia war in Babylon. 5. Jahr Jojakins – Hes 1,2
18[17] *5. Jahr* *Zedekias*	594-593 (11/12 Neb)	Ü: Auf das Ende hin [50V]
19[18] *6. Jahr* *Zedekias*	593-592 (12/13 Neb)	Ü: Auf das Ende hin [14V]
20[19] *7. Jahr* *Zedekias*	592-591 (13/14 Neb)	Ü: Auf das Ende hin [9V] *Sela(3)* ist ein Hinweis auf Tributzahlungen nach dem wohl eine Erholung eingesetzt hatte.
21[20] *8. Jahr* *Zedekias*	591-590 (14/15 Neb)	Ü: Auf das Ende hin [V13] *Sela(2)* ist ein Hinweis auf Tributzahlungen an Nebukadnezar.
22[21] *9. Jahr* *Zedekias* <small>Hes 17 2 Kö 25,1-2 Jer 39,1 52,4 Hes 24,1-2 Hes 29,1-2</small>	590-589 (15/16 Neb) 10. Monat am 10. Tag Belagerung	Ü: Auf das Ende hin, über den Beistand am Morgen [31V] LXX: *Beistand auch in V20b (Dorival 1999,* *175f) Die Septuaginta Deutsch, Erläuterungen* *und Kommentare (2011)* Hes 17,15 zeigt, dass Zedekia durch Boten um Beistand ersuchte. Die dritte Weltzeit *4Esr 14,10-11*

23[22] *10. Jahr* *Zedekias*	589-588 (16/17 Neb)	[6V] V5: *„Und dein* Becher *machte trunken, wie der* *stärkste (Trank)" – LXX*^{D}
24[23] *11. Jahr* *Zedekias* *2Kön 25,* *3.8.11.25* *Jer52,* *6.12.29* *Hes 33,21*	588-587 (17/18 Neb) *Zedekia flieht* *4.Monat 9.Tag* *Stadt brennt* *5.Monat,4.Tag* *Gedaja-Mord* *7. Monat*	Ü: Am ersten (Tag) der Woche [10V] Ein kalendarischer Vermerk in der LXX, der sich nach 24 Psalmen (Ü: am zweiten Tag) fortsetzt. *Sela (6)* ist der Verlust der Stadt und *Sela (10)* der Verlust des Landes, als dem Rest der Juden die Furcht befiehl und sie nach Ägypten flohen. *Sela (10)*^{MT,Vg} *ist nicht in LXX (am Ende)*

Welche Beziehung besteht nun zwischen den 24 und den 70 Büchern, die Esra mit der Hilfe von 5 Schreibern (Psalmbüchern) rekonstruieren sollte, und den Psalmüberschriften der Septuaginta? Die LXX Überschriften haben neben der Struktur eine Verdichtung von Informationen über die Rückkehrsituation in Psalm 90-95, *als Kalender mit Bezügen zu den jeweiligen Jahren zu lesen.*

In Ps^{MT} 90 stehen die Tausend und deren Wahrnehmung gegenüber der normalen Lebenszeit der Menschen auffällig als Teil einer Einleitung zu den thematisch zusammengefassten Beschreibungen:

Ps^{LXX} 91Ü – über den Sabbat
Ps^{LXX} 92Ü – über die Wiederbesiedelung
Ps^{LXX} 93Ü – am vierten Tag der Woche
[*Ps^{LXX} 94* – über die nicht gewährte Ruhe Gottes in der
                   Erfahrung der 40 Jahre Wüstenwanderung –
                   „heute", *am Ende der Siebzig,* als Mahnung]
Ps^{LXX} 95Ü – „Als das Haus gebaut wurde, nach der
                                Gefangenschaft."

Die inhaltliche Thematik im "Schußsabbat der Weltgeschichte" Ps 92^{MT}, ja der „Vollendung der Weltgeschichte" Ps 93^{MT} passt „der Weltherrscher als Weltenrichter", Ps 94^{MT} zur Rückkehr Judas aus dem Exil – *Dieter Schneider,* Das Buch der Psalmen II, 226-237.

Die Fundamente des Tempels wurden in Jerusalem gelegt und die Priesterschaft eingesetzt. So erscheint in Psalm 24,6 die kollektive Berechtigung zum Herzutreten zur heiligen Stätte einsichtig, da die Anwesenden ihre Einstellung durch die Rückkehr unter Gefahren und durch Aufbauwillen unter Beweis stellten. Sie zählten die 24 Jahre *wiederholt*, wie Bücher gelesen wurden. Es hat den Eindruck, dass diese Psalmen hier erst ihre jetzige Gestalt bekamen! David werden 4000 Kompositionen zugeschrieben, aber nur eine Auswahl passte in diesen Kalender (11Q Ps^a 27). Sie sind liturgisches und chronistisches Werk in einem! Sie stehen mit den 24 Häuptern der Jahre eines Sechs-Jahres-Zyklus in Verbindung. Das erklärt die Intensität in den LXX-Überschriften am Ende der 24er Perioden. Die Verbindung zwischen Kalender und Priesterfamilien ist uns aus den Kalenderfunden vom Toten Meer bekannt: Dieser „Ewige Kalender" konnte nach 6 Jahren erneut eingesetzt werden. Das könnte der Grund gewesen sein, dass die Psalmen auch nach Ps 96 fortgesetzt wurden, um 144 Jahre zu erreichen.[95] Psalm 145-148 sind in einigen Hs mit der Überschrift ^{LXX}*Haggai und Sacharja* versehen, nachdem „... Goliath" – Ps^{LXX} *143 Ü* überwunden wurde. Bis zum 150. Psalm zählt MT und LXX sechs Tage. Über den Wunsch, die siebte Woche zu vervollständigen, legen die achtzehn Psalmen Salomos ein beredtes Zeugnis ab! Hier ist besonders der Tod des Kambyses hervorzuheben (PsSal 2,26).

---

25 Zögere nicht, o Gott, die Vergeltung auf ihr Haupt kommen zu lassen, den Hochmut des Drachen in Schmach (zu verwandeln). 26 Und es dauerte nicht lange, bis Gott mir seinen Übermut zeigte, durchbohrt auf den Bergen Ägyptens, geringer geschätzt als der Geringste zu Wasser und zu Land ... 29 Er sprach: „Ich will Herr über Erde und Meer sein", ...

---

[95] Berücksichtigten wir, dass ursprünglich Ps^{LXX} 1+2; 31+32; 41+42; 89+90; 98+99; 114+115 jeweils zusammengehörten, kommen wir auf einen Kalender mit einem Umfang von 144 Jahren.

Die Woche der Wiederkehr bleibt der Höhepunkt der 24er Psalmen zum Ende des vierten Zeitabschnittes in den LXX-Überschriften.[96] Nicht einmal die Tausender in den Zeitangaben in 4. Esra verlieren in diesem Gefüge an Trennschärfe! „Am vierten Tag der Woche"-Ps^{LXX} 93Ü überrascht nicht die Zuspitzung auf Ps^{LXX} 95Ü, „Als das Haus gebaut wurde, nach der Gefangenschaft." Das frühere Haus war ja nach diesem Gesang am „dritten Tag" (Ende) von Salomo erbaut worden (Ps^{MT} 72). Dieses 24er-Zeitgefüge entspricht so, übersichtlich betrachtet, dem Tausend vom ersten Tempel 969 in Anlehnung an 4. Esra 10,46 und führt an seinem Ende zur begründeten Erwartung nach einem Messias 30 u. Z. Im Kalender ist an dieser Stelle der zweite Tempel. Eine Vollendung klingt an! Die benannten LXX-Überschriften unterstellen eine Zeitrechnung, beginnend mit dem Tod von Josia 609. Die jüdische Vordatierung ohne Antrittsjahr ist zu berücksichtigen. König Necho von Ägypten tötete Josia auf dem Weg nach Haran vor dem Monat Tischri, dem Beginn des Jahres (Anet 305). Von 610 bis 516 sind es 94 Jahre. Kommen wir wieder auf die Niederschrift der vierundneunzig Bücher als Zeitrechnung zurück (4Esr 14,42-44). Wir haben eine Zeitrechnung aus den Überschriften der Septuaginta aufgespürt, bei der 94 Jahre in 95[100][97] Psalmen als Bücher dienen könnten. Der Vermerk „die verändert werden sollten" lässt eine weitere Geschichtszählung ab dem „Untergang der Stadt" 597 erkennen. Dabei treten durch die Anordnung von Ps^{LXX} 44, 59, 68 und 79 ab 597 die Jahre 556, 541, 532 und 521 in den Fokus. Es handelt sich dabei um das Antrittsjahr Nabonids c/o Belsarzar und ihr 15. Jahr, das 7. Jahr Cyrus c/o Kambyses und das 1. Jahr Darius.

---

[96] Zu Unterschieden in den Psalm Überschriften und die Kirchenväter, siehe WUNT219(2008) Karrer/Krauss/Meiser Die Septuaginta – Texte, Kontexte, Lebenswelten, 471-486 „Der Beitrag der Kirchenväter zum Verständnis der Psalmenüberschriften aus philologischer Perspektive" Dorival
[97] Diese Zählung beruht auf die ursprüngliche Zusammenfassung der Psalmen und wird zukünftig zu Grunde gelegt.

„Verändert werden sollten" entweder die Jahre oder die nach diesem System zugeordneten Psalmen. Vielleicht führte der Umstand, dass „anstelle deiner Väter ... dir Söhne geboren worden [sind]" zu einer negierenden Abstufung Esthers, hin zu Belsarzars Konkubinen (Ps^{MT} 45,16). Der Einfluss von Königsnachkommen durch jüdische Haremsdamen wirkte im Grunde genommen in Fortsetzung der „siebenfachen Unterweisung durch seine Schöpfung", der bewirkten Rettung durch eine Frau, Esther (Hen 93,9.10; Est 4,14). Von Atossa ist bekannt, dass sie später unter Darius das Harem führte. Die „Väter" (Könige Judas) fanden keine Fortsetzung, anders der Einfluss der „Söhne" in Ämtern beim Königshof. Atossas Sohn Xerxes ragt hier heraus. Man beachte auch, welch projüdischer Einfluss von König Artaxerxes ausging, bzw. auf ihn wirkte (Esr 7,14.20-25; Neh 2,4). Der Wirkungskreis beschränkt sich damit nicht nur auf den König und den Königshof, sondern wirkte auf alle möglichen Bereiche ein! So ist die Frage, ob das Judentum persisches Gut aufnahm *oder umgekehrt*, ob manch persisches Gut jüdischen Einflüssen zuzuschreiben ist, neu zu stellen (z. B. Engel, Dämonen, Millennium, Dualismus). Alleine der spätere Einfluss der babylonischen Juden auf Juda und Jerusalem spricht für einen nicht geringen Einfluss dieser Juden am Königshof. Der lokale Rahmen in Judäa ist somit nicht die einzige Sphäre einer politischen Einflussnahme. Eine Zuordnung zum Konkubinat Belsarzars konnte nicht bleiben; das musste geändert werden! Ebenso sollte das durch Ps^{LXX} 68 ausgedrückte 7. Jahr Kyros c/o Kambyses, als Esther Ahasverus Frau wurde, verändert werden. Ebenfalls verändert gehörte das Verbotsjahr 521, ausgedrückt in Ps^{LXX} 79. Die Geschichtsschreibung durch Ps^{LXX} 59 – das Ende der Sieben Zeiten [plural] – Da 4, sollte lieber ausgeblendet werden.

Im MT haben diese vier Psalmüberschriften alle eine „Lilie[n]" als Merkmal gemein, welche sonst nicht in den Psalmen vorkommen.

Die Wirkungsweise der Kenntnis eines solchen Kalenders wird an der Menschensohnfrage besonders deutlich. Der „Menschensohn" kommt in den Psalmen nur in Ps^{MT} 80,17 vor, ein Text, der bisher kaum Beachtung fand.[98] Handelte es sich bei diesem Menschensohn um Daniel?[99] Sicherlich war er als Diener Gottes und Visionenseher, in einem Amt erfolgreich, ein „begehrenswerter Mann" (Dan 2,16-19; 6,1-3; 7,1; 9,21-22; 10,11). Er war ja selbst Empfänger der Vorstellung von einem zu erwartenden Menschenähnlichen, welcher Zutritt zu dem „Alten an Tagen" erhalten wird (Dan 7,13). Die mutmaßliche Zeit und die Person in ihrer Position erzeugen geradezu eine solche Annahme! Im Kalender „ab dem Untergang der Stadt" (597) ist das Jahr 503 das Ende der 12 Weltzeiten. Der Menschensohn-Psalm liegt im Jahr 519, dem 2. Jahr Darius. Jedenfalls wurde ein Menschensohn stark gemacht, was bewirkte, dass der Tempelbau wieder in Gang gesetzt wurde. Als Menschensohn kommen Mordechai (als Fürst bei den Rückkehrern / Bauleuten), Daniel (am Hof von Darius, dem Meder, der mit Darius I. zu identifizieren ist) und Darius I selbst (vgl. Ps 80,17 mit Dan 11,1) in Frage. Der Menschensohn war eine historische Person!

Da sich auch Jesus als „Sohn des Menschen" bezeichnete und sogar wiederkommen soll, ist eine Überprüfung dieser als Zeitrechnung aufgefassten Bücher, (die uns in eine neue Ansicht der LXX-Überschriften geführt haben) nötig (Mat 25,31). Findet hier ein Großzeitmodell der „zwölf Weltzeiten" Anwendung? Um einen zukünftigen Ort zu erkennen, ist der eigentliche Ort sehr entscheidend!

---

[98] Nicht behandelt bei J. Theisohn, *Der auserwählte Richter* (1975). Ein Überblick bei W. G. Kümmel *40 Jahre Jesusforschung*, BBB 91.
[99] Die neuere Forschung tendiert zu der These, dass mit dem Ausdruck Menschensohn eine Umschreibung für „Ich" gemeint sei. - J. R. Porter in *Jesus Christus (2007), (Engl. 1999)*.

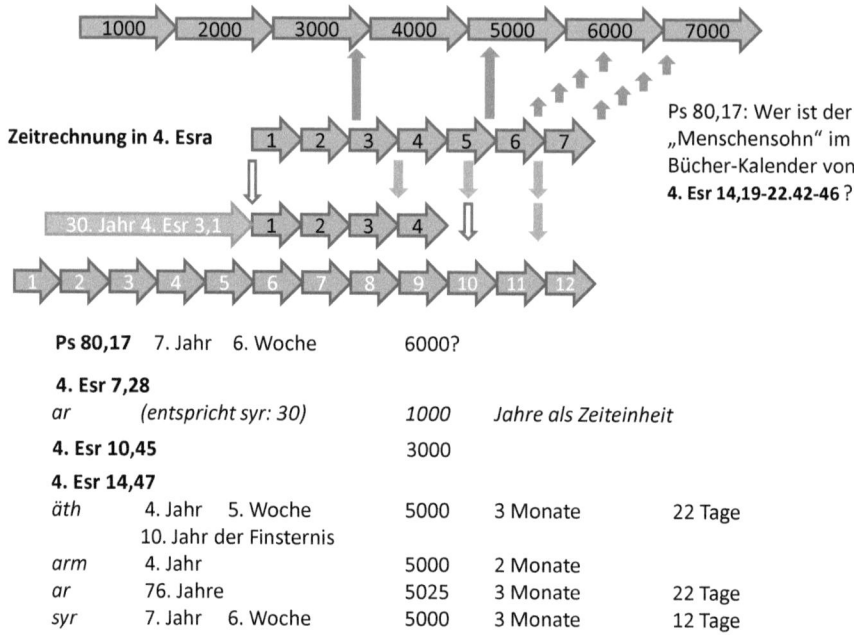

Ps 80,17	7. Jahr	6. Woche	6000?		
4. Esr 7,28					
ar	(entspricht syr: 30)		1000	Jahre als Zeiteinheit	
4. Esr 10,45			3000		
4. Esr 14,47					
äth	4. Jahr	5. Woche	5000	3 Monate	22 Tage
	10. Jahr der Finsternis				
arm	4. Jahr		5000	2 Monate	
ar	76. Jahre		5025	3 Monate	22 Tage
syr	7. Jahr	6. Woche	5000	3 Monate	12 Tage

Nur ein Beispiel: Nach 40 Tagen Wüstenwanderung wurden 40 Jahre bestimmt. Der Ausgangspunkt war zu erkennen und der Zeitraum von 40 Jahren richtete eine böse Generation.

Im Jahrwochen-System der 12 Weltzeiten (ab 605) ist Psalm 79, als 76. Jahr in 4. arEsr zum Ende der *Sieben Zeiten* angesprochen. Ein übertragener Gebrauch im Tausendergefüge der Sieben-Wochen-Apokalypse in 4. Esra verweist auf das Ende von 6000 Jahren als Großzeitraum.

Um nun wirklich nur der Realität nachzugehen sind feste Bezugs-
größen selbstverständlich einzuhalten. Die Überschriften zu Ps^{LXX} 29
und 37 verhelfen uns bei der Auffindung sicherer Schnittstellen:

Ps 29	Auf das Ende hin,	Ps 37	Ein Psalm,
	ein Psalmlied,		bezogen auf David,
	zur Weihe des Hauses,		zur Erinnerung
	bezogen auf David		über den Sabbat

Hier kann ein Jubiläum von acht Jubiläen (8x49 Jahre) aufgespürt
werden. Im 4. Jahr Salomos wurde der Tempelbau begonnen. Nach
sieben Jahren Bauzeit wurde der Bau im 11. Jahr vollendet (1Kön
6,1.37.38).

969	4. Jahr Salomos	577	Weihe des Hauses
962	11. Jahr Salomos	570	Übergabe zum Sabbat

Wie zur Zeit des zweiten Tempels, wurde die Fundamentlegung Anlass zur Weihe des Hauses und Ps^{LXX} 37 erinnert an die feierliche
Übergabe an die Priester *zum Sabbat*. Wir können zunächst einmal
festhalten, dass die Kalenderform ab 597 ursprünglicher sein muss,
als die Geschichtszählung ab 610! Wenn dieser Psalmenkalender
den Büchern in 4. Esra entsprechen, liefen diese ursprünglich bis
zum Psalm^{LXX} 100 für die Jahre 597 bis 503 genau 94 Jahre lang.
Sie wurden um ein Jubiläum verlängert 144/150!

Der Gedenktag 577 müsste sich freilich alle 49 Jahre wiederholen.
Welche Beweise auf eine Wiederholung können gesichert werden?

Eingangs benannter kalendarischer und zeitgeschichtlicher Struktu-
ren kennen auch die Überschrift „am vierten Tag der Woche". Mit
einem solchen Mittwoch beginnt der Priesterkalender vom Toten
Meer, folglich beginnend mit der Tempelweihe der Fundamente.
Der Sache nach folgt hier „die Tempeleinweihung" auf das Jahr der
„Wiederbesiedelung" aber noch bevor „das Haus gebaut wurde."

Ps^{LXX} 92Ü – über die Wiederbesiedelung
Ps^{LXX} 93Ü – am vierten Tag der Woche (die Tempelweihe)
[*Ps^{LXX} 94* – über die nicht gewährte Ruhe Gottes in der Erfahrung der
 40 Jahre Wüstenwanderung, heute, *am Ende der Siebzig*
Ps^{LXX} 95Ü – „Als das Haus gebaut wurde, nach der Gefangenschaft."

Bestätigt wird hier *der Ablauf einer Weihe*, die aber kein Jubiläum der ersten Grundsteinlegung ist, sondern die Weihe eines neuen Hauses *„nach der Gefangenschaft"* (Esr 3,1.8.10.11). Diese Weihe am 24. Tag des 9. Monats (Hag 2,18) im 2. Jahr des Perserkönigs Darius (Esr 4,24), ging im Vorjahr im 7. Monat die Altarerrichtung für die Opfer des Morgens und des Abends voraus (Dan 9,21). Obige Überschriften gehören zu dem Kalender, der ab 610 bis zur Tempelfertigstellung 515 läuft. Die jetzt behandelte Zeitrechnung ab dem Untergang der Stadt 597 kennt die Weihe für das Jubiläumsjahr 577, läuft die Siebzig bis zum Purim 527 durch und die Vierundzwanzig (die jeder verstehen soll) ins Jahr 503. Was ist an dem Jahr 503 so bedeutsam? Es ist das Jahr der Kalenderreformen schlechthin, den in diesem Jahr fielen am 27. März (gregorianisch = 21. März) der Beginn von Sonnenjahr und Mondjahr praktisch zusammen. Die Mondsichel wurde am Abend des 26. März sichtbar und das ägyptische Wandeljahr hatte gerade den 1. Kiyak, d. h. den vierten Monat. Der Umstand, dass die vierundzwanzig Bücher für alle einsichtig sein sollten ist mit der Kalenderreform auffällig konform.

> „Die ersten Bücher, die du geschrieben hast, leg offen hin. Würdige und Unwürdige mögen sie lesen." – 4. Esr 14,45b *Schreiner*

Dem Verdacht, die jüdische Zeitrechnung habe hier eine Reform erlebt, muss nachgegangen werden! Eine Kalenderreform bildet den Hintergrund vom *„Kalenderstreit"* der Schriftfunde der Höhlen vom Toten Meer. Reformen dieser Art sind nicht als unmöglich abzutun. Die Studie „Der jüdische Kalender" behandelt die inhaltliche und chronologische Zuordnung von Kalenderfunden, besonders der längste Kalender aller Funde, 4Q319. Er läuft vom zweiten bis zum siebten Jubiläum 296 Jahre und hat noch einen Höhepunkt auf das achte Jubiläum erhalten. Diese Arbeitsstudie bestätigt aus 4Q319:

> Den nachexilischen Beginn des Tempeldienstes
> Ein Dekajubiläum zum ersten Tempelbau
> Die Schöpfung, stimmig zum Mauerbau in Jerusalem
> Eine stetige Kalenderanpassung für Feste
> Ein Zeichen, stimmig zur Wiedereröffnung des Tempels

Uns interessiert jetzt vor allem das Dekajubiläum von 490 Jahren. Sollte die weitere Kalenderforschung „die Schöpfung der Lichter am vierten Tag des priesterlichen Turnus des G[amuls]" mit dem Jahr 478 bestätigen, haben wir einen weiteren Gedenktag auf den Tempel aus einem Kalender gewonnen, der die 70/24 Bücher Esras als Zeitrechnung „nach dem Untergang der Stadt" 597 bestätigt (4Esr 3,1; 14,22f). Dass der Wochentag in 4Q319 auf „den vierten Tag" fällt, kann mit der Reform ab dem 27. März 503 begründet werden. Dazu ist eine Rücküberprüfung auf Hinweise aus dem Psalmenkalender möglich. Die Zeitrechnung „nach dem Untergang der Stadt" begeht das „neue Jubeljahr" mit Psalm[LXX] 101 bis 150 deckungsgleich mit der zweiten Jubeljahrperiode in 4Q319. Die Zeitrechnung ab 610 lässt in seiner Struktur der Verseinteilung in der Septuaginta und dem masoretischen Text deutliche Spuren eines Zeitenumbruchs erkennen, der verwunden werden musste. Was hatte sich geändert?

1. Die Woche bekam (am Ende der 24 Bücher) einen neuen Anfang!
2. Jahreszeitlich begann die neue Zeitrechnung im Frühjahr.
3. Ein Sprung von 2½ Jahren musste bewältigt werden.
4. Das Laubhüttenfest verlor (hier) seinen ersten Rang im Kalender.
5. Gedenktage in der zweiten Jahreshälfte (ab Nisan) fielen im neuen Kalender um ein Jahr nach hinten.

Einige Merkmale in den Psalmen:

1. Psalm^{LXX} 117, 20 ermahnt: „Dies ist das Tor des Herrn." [118]
2. Psalm^{LXX} 116 ist der kürzeste aller Psalmen, ein Ruf an die Völker [117]
3. Psalm^{LXX} 113 umfasst Psalm^{MT} 114 und 115
   Psalm^{MT} 116 umfasst Psalm^{LXX} 114 und 115
4. In Psalm^{LXX} 119[120] beginnen die Lieder der Stufen
5. Psalm^{LXX} 126 ist Überschrieben „... bezogen auf Salomo" um nach einem eigenen Zählsystem (Ps^{MT} 119=22 Jahre) an die Grundsteinlegung des Tempels zu erinnern.

Punkt 5 wird durch das Dekajubiläum in 4Q319 bestätigt, Gedenktag „... der Schöpfung der Lichter am vierten Tag des priesterlichen Turnus des G[amuls]" und gewinnt durch innere Plausibilität weiter an Gewicht. Damit ist ein weiteres Tempeljubiläum ermittelt und die Grundlage gelegt, einen angewandten Kalender als Realität zu akzeptieren! Im Grundriss der Überschriften der Psalmen in der Septuaginta liegen wertvolle Beobachtungen zum Zeitgeschehen als Psalmen-Kalender. Es kann eine Überlagerung der beiden Kalender nachgewiesen werden!

Einige Beispiele:

In Psalm^{LXX} 71 (^{MT}72) sitzt die Friedensherrschaft Salomos passend zum Machtwechsel an die Perser 539. Die Unterwerfung der „Äthiopier" in Vers 9^{LXX} ist hingegen eine Geschichtsschreibung der 70 Bücher ab 597 und zielte auf das Jahr 525, als Kambyses Ägypten eroberte und gegen Äthiopien einen Feldzug führte.

Asaphs Psalm^{LXX} 72 (^{MT}73), nach einigen Hss.^{LXX} mit dem Zusatz „Ode an den Assyrer" in der Überschrift, integriert inhaltlich eine bisher nicht erkannte Situation kurz nach dem Erlass des Cyrus.

Gegenstand war das Unrecht, die Juden *nicht* in ihre Heimat ziehen zu lassen (Ps^LXX 72,7-11).

Die Schilderung in Vers 10 blickt zurück in die Vergangenheit.[100] Der historische Hintergrund, die abgeleiteten Wasser des Euphrat, wurde von mächtigen Judenfeinden nicht als Zeichen eingestuft, die Juden als von Gott aus ziehen zu lassen!

Bei aller Popularität des Zusammenhangs zwischen dem Erlass des Cyrus und der (sofortigen!) Wiederbesiedelung Judas wurde diese politische Stütze (Etikett) erst durch Darius I. umgesetzt (Esr 6,1).

Der Moses-Psalm^MT 90 bildet zusammen mit Psalm 91 im Kalender ein Jahr, kurz vor dem Ägyptenfeldzug des Kambyses. Im Geschichtsrückblick aus Judas Sicht war der Tod Josias durch den König von Ägypten und später das Exil Jojakins durch den König von Babylon ein Eingriff auf den Thron Davids „in usurpatorischer Absicht" (PsSal 17,6). Der Drache steht, trotz Machtwechsel an die Perser, weiter für *Babylon* als Weltmacht (Ps^LXX 90,13; PsSal 2,25).

---

[100] Die „Höhe" ist eine Änderung in Ps^LXX 72,8: „Unrecht haben sie gegen die Höhe geredet" – ThWNT VIII,601,17. Zusammenhänge zu Jerusalem werden in dieser Abhandlung vermieden (Ps^LXX 74,6)

1.4.5 Der Psalmenkalender und die Gegenwart

Es konnten Strukturen eines Psalmenkalenders ausgemacht werden, die uns besonders durch die Einträge in der Septuaginta weitreichende Geschichtskenntnisse vermitteln. Teile der umfangreichen Psalmen Davids wurden als Geschichtswerk angeordnet, um die Jahre vom Tod Josias bis zur Rückkehr aus dem Exil festzuhalten. Diese Arbeit geht nach 4. Esra auf Schealtiel zurück, der 94 Bücher (4Esr 14,42-44) anlegen sollte.

Beinhaltet dieser Kalender auch zukünftige Aspekte über unsere Gegenwart? Können wir mit genauen Voraussagen der Periode der gerade erwachten Adlerköpfe rechnen und wenn ja, wann?

(1.4.5) Die Wirkungsweise der Kenntnis eines solchen Kalenders wird an der Menschensohnfrage besonders deutlich. Der „Menschensohn" kommt in den Psalmen nur in Ps^{MT} 80,17 vor, ein Text, der bisher kaum Beachtung fand.[101]

Wurden im Psalmenkalender bisher historische Personen gesucht, die als der Menschensohn in Betracht kamen, richtet sich jetzt die Aufmerksamkeit auf den zukünftigen Menschensohn.

(1.4.5) Da sich auch Jesus als „Sohn des Menschen" bezeichnete und sogar wiederkommen soll, ist eine Überprüfung dieser als Zeitrechnung aufgefassten Bücher, (die uns in eine neue Ansicht der LXX-Überschriften geführt haben) nötig (Mat 25,31). Findet auch hier ein Großzeitmodell Anwendung, wie wir das bei den „zwölf Weltzeiten" in Jubiläen aufspüren konnten! Der Nachweis des von den Juden als Zeitrechnung angewandten Jubeljahreszyklus wurde dort wegen der engen Verflechtungen nicht weiterverfolgt.

---

[101] Nicht behandelt bei J. Theisohn, *Der auserwählte Richter* (1975). Ein Überblick bei W. G. Kümmel *40 Jahre Jesusforschung,* BBB 91.

Der Menschensohn-Psalm liegt im 3. Psalmbuch und ist den Kalender von Josias Tod (1. Psalmbuch) bis zur Rückkehr aus dem Exil (3. Psalmbuch) zugeordnet.

LXX[MT]	LXX-Überschriften	Sonderzeichen
538 72[73]	Ein Psalm(P), bezogen auf Asaphs(A), Ode an den Assyrer	
537 73[74]	Aus Einsicht(M), (A)	*maskil* Ps 32 u. a.
536 74[75]	Auf das Ende hin(E), zerstöre nicht(Z), Psalmlied(PL), (A)	*sela 4*
535 75[76]	(E), unter den Hymnen(H), (P), (A), (Ein Lied, Gegen den Assyrer). (H)-neginah Ps 6	*sela 4, 10*
534 76[77]	(E), über Idithum, (A), (P) Ps 38	*Idithum sela 4, 10, 16*
533 77[78]	(M), (A)	*maskil*
532 78[79]	(P), (A)	
531 79[80]	(E), über die, die Verändert werden sollen(V), ein Zeugnis (A), (P) über den Assyrer	*sela 8LXX*
530 80[81]	(E), Über die Keltern(G), (A), (P)	*gittith* Ps 8 Keltern *sela 8*
529 81[82]	(P), (A)	*sela 2*
528 82[83]	Ein Psalmlied(PL), (A) (PL) Ps 29 u. ö.	*Sela 9*
527 83[84]	(E), (G), bezogen auf die Söhne Kores(K), (P)	*gittith* Ps 8 Keltern *sela 5, 9*
526 84[85]	(E), (K), (P)	*sela 3*
525 85[86]	Ein Gebet, Davids(D)	*tepillah*

524 86[87]	(PL), (K)	*Maskil* *sela 3, 6*
523 87[88]	(PL), (K), (E), über Maeleth, um zu Antworten, (M), Bezogen auf Aiman, den Israeliten (=Heman)	*Maeleth* Ps 52 *maskil* *sela 8, 11*[MT,Vg]
522 88[89]	(M), bezogen auf Aithan, den Israeliten	*maskil, Aithan,* *sela 5, 38, 46, 49*

Im Jahr 539 übernahm Kyros und sein Sohn Kambyses das babylonische Reich (Antrittsjahr) und 538 war kalendarisch das 1. Jahr ihrer Regierung. Für die Zeitrechnung nach Kambyses gab es deshalb nach Kyros Tod kein erneutes Antrittsjahr. Das 3. Psalmbuch wurde mit 17 Psalmen nach der Anzahl der Jahre dieses Herrschergeschlechtes angelegt. Im Jahr 522 verstarb Kambyses. Das Jahr für Psalm 80 ist dem Tod von Kyros nahe, der selbst als Gesalbter bezeichnet wurde (Jes 45,1).

Der historische Ort *der Anordnung* vom 3. Psalmbuch lag im Übergang vom 1. zum 2. Siebener. Weitere Informationen über die drei Köpfe der Adlervision der Esra-Apokalypse wären hier zu erwarten!

Das Jahr 539 v. u. Z. hatte sein Jubiläum 2017 u. Z., nach dem sieben Sonnenzeiten (Zeichen an Sonne, Mond und Sternen) seit dem Menetekel vergangen waren und sich gewaltige Hurikans über dem Ozean bildeten, die Jesus als Vorzeichen für die nahende Befreiung nannte (Luk 21,25.26).[102] In Psalm 72,7 könnte mit „bis der Mond nicht mehr ist" bereits das Ende der sieben Mondzeiten (mit Schaltmonden) angesprochen sein, denn „vor der Sonne möge sein Namen zunehmen" – Ps 72,17. Das Menetekel mit 66 ½ Jahren lies Juden bis 535 v. u. Z. [Entsprechung 2020/2021 u. Z.] auf die Rückkehr aus dem Exil hoffen (Ende der 70 Jahre – Jer 25,11).

---

[102] BZB II., (9.1.6) Das Tosen des Meeres und die Kräfte der Himmel, S. 91

Gibt es weitere Voraussagen aus dem 3. Psalmbuch?[103]

Psalm 73,9-11	Sie spotten und reden in Bosheit, von oben herab reden sie wirres Wort. Sie setzten an den Himmel ihr Maul, ihre Zunge ergeht sich auf Erden. Darum wendet sich das Volk ihnen zu, man schlürft gierig ihre Worte. Ja, sie sagen: „Wie sollte Gott es wissen, gibt es ein Wissen bei dem Höchsten?"
Psalm 74,20-21	Blicke auf den Bund, denn angefüllt sind ja die Schlupfwinkel des Landes von Gestöhne und Gewalttat!
Psalm 75,3-4	Wenn ich den Zeitpunkt ergreife, halte ich gerechtes Gericht. Mag wanken die Erde mit all ihren Bewohnern, ich selbst habe ihre Säulen gefestigt. *Sela*
Psalm 76,13	Er demütigt den Sinn der Fürsten, fruchtbar begegnet er den Königen der Erde.
Psalm 77,15	Du bist der Gott, der Wunder tut, hast unter den Völkern deine Macht offenbart!
Psalm 78,65-66	Da erwachte der Herr wie ein Schlafender – Wie ein Held, der vom Rausch sich erhebt. Und er schlug seine Feinde zurück, ewige Schande verhängte er über sie.
Psalm 79,11	Es komme vor dich, das Seufzen der Gefangenen! Nach deines Armes Kraft erhalte die dem Tod geweihten!
Psalm 80,18	Deine Hand sei über dem Mann deiner Rechten, über dem Menschensohn, den du dir großzogst!

---

[103] Für die Jahre 2018 bis 2025 folgt eine repräsentative Auswahl. Übersetzung der Auszüge von: Psalmen *Hans-Joachim Kraus* BKAT XV,2 (1978)

In keinem anderen Jahr bewirken „wirres Wort" eine so hohe Aufmerksamkeit, wie dass in 2018 der Fall ist. In den Debatten der Völker, wie es jeweils weitergeht, bleibt Gott unberücksichtigt.[104]

Auf den Bund blicken, da selbst die Verstecke des Landes mit Klage und Gewaltverbrechen überzogen sind, ist der Blick auf die Ergebnisse des Bundes einer in Kraft gehaltenen Woche (Dan 9,27), über die bei Gott ein Gericht einberufen wird (Dan 7,9-12). Das Jahr 2019 ist der erste Tag einer Woche des Gerichtes!

Am zweiten Tag wird die Erde mit ihren Bewohnern ins Wanken kommen! Da von den Säulen gesprochen wird, scheidet eine bildliche Ausdeutung der Erde aus. Die Bewohner der Erde werden ab 2020 Phänomene erleben, die ihnen ihre Grenzen deutlich vor Augen führen. Die Erde hält das aus, aber wie bewältigen das die Bewohner der Erde?

Am dritten Tag wird Gott die Machthaber der Erde demütigen. Die fruchtbare Begegnung mit den Königen der Erde[105] spricht die Wirksamkeit der neuen Regierung des Allerhöchsten an (Dan 7,26-27).

Am vierten Tag wird Jehova eine Befreiung seines Volkes in Gang setzten, das Jahr 2022.

Am fünften Tag wird Jehova über seine Feinde für immer Schande verhängen, das Jahr 2023.

Am sechsten Tag wird Jehova die todgeweihte Menschheit befreien, das Jahr 2024.

Am siebenten Tag wird der Menschensohn zur Herrschaft kommen, das Jahr 2025.

---

[104] Vergleiche hierzu die Beschreibung in Apk 16,13-16
[105] Vergleiche hierzu die Beschreibung in Apk 17,15-18

Bezogen auf die Adlervision ist eine Verbindung zwischen der Propaganda der drei Adlerköpfe, den drei Fröschen der Offenbarung des Johannes und dem Maul des Hornes mit den zwei Augen aus der Vision über die vier Tiere des Daniel auszumachen!

Das Gericht an der Frau (Apk 17), dessen Namen ein Geheimnis sei (ein Babylon in groß), ist das Gericht an dem Adler der Offenbarung des Schealtiels in 4. Esra!

Der Adler ist an seinem Leib, seinen 12 Flügeln und seinen drei Köpfen zu erkennen, ferner an den Legislaturperioden des zweiten Flügels und der Verwerfung von zwei legitimierten Nebenflügeln[106] durch die Köpfe!

Eine Stimme aus der Mitte des Körpers kennzeichnet die Krise des Leibes zur Mitte seiner Zeit. Das Erscheinen seiner 12 Flügel begann 7 Mondzeiten nach der Wirtschaftskrise Babylons (Dan 4) aus der Wirtschaftskrise 1929-1932 heraus und brachte seinen letzten Flügel zu der zweiten Weltwirtschaftskrise 2009-2012 hervor. Der große Kopf des Adlers ist 2017 erwacht und gegen zwei zuvor legitimierte Nebenflügel, die zu Herrschen gedachten, vorgegangen. Er hat sich dabei mit den zwei übrigen Köpfen vereint. Seine wirren Worte werden auf der ganzen Erde gehört.

Wegen diesem Frevel werden in der Vision dem Adler von einem Löwen, der plötzlich auftaucht, seine ungerechten Taten vorgehalten werden. Der (*nach einigen Textzeugen* von David abstammende) Löwe kündigt dem Adler an, dass er aus seinem Dasein verschwinden muss. Hierfür dürfte der zeitliche Rahmen (oben) im 3. Psalmbuch abgestimmt sein!

---

[106] Die Vision der vier Tiere in Daniel kennt einen Löwen, dem zwei Flügel eigen waren, die jedoch ausgerissen wurde.

1.5.1 Die Arche der Genesis und ein aufsteigendes Boot

Es ist mehr als Bemerkenswert, dass ein als Boot identifiziertes Objekt mit Ausmaßen, die auf Gen 6 schließen lassen, nahe des Berges Ararat auf 2150 Metern Höhe gefunden werden konnte.

Das Gebilde selbst erschien, nach Angaben von Bewohnern eines nahegelegenen Dorfes im Mai 1948 nach heftigen Regenfällen und drei Erdbeben erstmals sichtbar an der Oberfläche (bis dahin war die Stelle gleich der restlichen Umgebung) und wurde von einem Jungen, Reshit Sarihan entdeckt. Seither wurde das Objekt durch Erdbeben oder durch andere Erdbewegungen bis zu 10 Meter aus dem Erdboden hochgehoben. (www.diebibel-diewahrheit.cms4people.de)

Negativ einer Luftaufnahme von 1958

Der nächste Ort bei der Fundstelle heißt heute **Üzengili (Türkei)**, zuvor Nasar (vgl. Nisir *nsr*, = Gilgamesch-epos; *Nahlat,* Jub 7,14).

Dem Umstand, dass Naturgewalten dieses mächtige Boot immer mehr freilegten, kommt aus meiner Sicht besondere Bedeutung zu! Die Erde spuckt ein Zeugnis aus, dass als Beleg für eine Flut nicht länger ein Nebendasein führen darf, wie es nun schon seit über 70 Jahren der Fall ist! Um die Tragweite des Fundes zu verdeutlichen: An diesem Objekt könnte die gesamte wissenschaftliche Darstellung unserer Herkunft nachhaltig erschüttert werden! Nicht nur Geologen müssten ihre Bücher neu schreiben. Eine intensive Hinterfragung könnte zahlreiche Manipulationen an der Wissenschaft im Geiste der Evolution aufdecken, die für die menschliche Gesellschaft sogar von substanzieller Bedeutung sein können.

Die Details dieses Fundes sollten jeden, der wirklich wissen will, wo wir herkommen, interessieren! Die Bibel und über 500 Flutsagen, z. B. die chinesische Überlieferung, wissen von diesem Vorgang. Das versteinerte Holz der Arche kennt noch keine Jahresringe (Gen 8,22). Es sind auch verleimte und geteerte Holzteile sowie versteinerte Eisenteile gefunden worden. Eine versteinerte Schiffsformation lässt sich ohne eine Flut in dieser Höhe nicht erklären.

Auch das Format des Bootes benötigt ein Motiv, dass uns Kritiker der Identifizierung als Arche Noahs bis heute schuldig geblieben sind! Wer braucht auf einem Berg ein so gigantisch großes Boot? Wie kamen die Baumeister an eine Holzqualität heran, bei denen die Schwankungen der Jahreszeiten keine Spuren (Jahresringe) hinterlassen haben?[107]

---

[107] In der Messelgrube nahe bei Frankfurt am Main wurden, wie schon an vielen anderen Orten, versteinerte Krokodile gefunden. Ein gleichmäßiges warmes Klima war hierfür die ursprüngliche Voraussetzung. Findet man dort einen Affen, spricht man von der Sensation, auf einen gemeinsamen

Wir haben einen zugänglichen Fundort, der noch nicht gesperrt ist und finden immer wieder verantwortungsvolle Forscher, die Materialien wie die jüngeren Untersuchungen an dem Boot auf dem Ararat zur Verfügung stellen. Dieses mutige Vorgehen sollte breite Unterstützung erfahren, denn wir können davon ausgehen, dass für Forschungen dieser Art kaum öffentliche Förderungen bestehen. Eine kleine visuelle Expedition ist heute über das Internet möglich.

Dieser Fund ist auch insofern als einzigartig zu betrachten, weil er ein Zeugnis aus einer zivilisierten Welt darstellt. Zeugnisse großer

---

Vorfahren gestoßen zu sein. Wer steuerte die Informationen, wenn ein vorsintflutliches Boot gefunden wurde?

Umwälzungen aus der Geologie werden gerne außerhalb der historisch fassbaren Zeit datiert, um vor Einschläge in das vorgeformte evolutionäre Weltbild zu schützen. Vor uns aber sind die deutlichen Spuren einer vorausschauenden Schutzhandlung von zivilisierten Menschen erhalten geblieben! *Das-darf-doch-nicht-wahr-sein* geht nicht, denn es ist wahr. Wahrheit sollte immer mehr Einfluss auf unser Weltbild haben können, als modellierte Weltanschauungen. Es gab eine Flut-Katastrophe in historischer Zeit!

„Der Bericht von einer S[intflut] ist weit verbreitet. Er findet sich in allen Erdteilen und in äußerst verschiedenen Kulturen. Eine S[intflut] gehört zu den „fundamentalen Kulturgütern der Menschheit" (Westermann, Genesis I/1 S. 531). Man sammelte inzwischen 250 verschiedene, über die ganze Erde verstreute Berichte über eine Menschheitskatastrophe durch das Hereinbrechen einer Flut."[108]

Einer dieser Flutberichte ist das Gilgamesch-Epos. Er ist in *assyr* Abschriften aus Ninive (vor 627) zum Teil erhalten. Diese gehen wiederum auf „Originale" der „ersten babylon. Dynastie (2232-1933 v.Chr. …)" zurück, wovon tatsächlich Teile gefunden wurden!

Eine durchgehende chinesische Kultur transportierte mittels seiner Bildsprache den Begriff

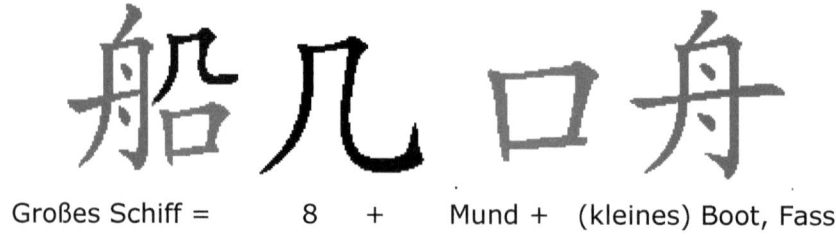

Großes Schiff =   8   +   Mund +   (kleines) Boot, Fass

---

[108] Das große Bibellexikon (1987) Brockhaus, S. 1451 *H. Bräumer* - Engl. The Illustrated Bible Dictionary (1980). Im Werk: Das Biblische Anatolien *(2010)* ISBN978-975-7199-31-1 zählt „mehr als 500 Versionen" der Sintflut.

1.5.2 Wer war Henoch und inwiefern wird er kommen?

Henoch und Elias werden gesandt werden, um sie zu belehren, daß das der Verführer sei, der in die Welt kommen und Zeichen und Wunder tun muß, um zu verführen" – ApkPet 2

Bevor diese Voraussage untersucht werden kann ist es nötig, den historischen Henoch vor der Flut in der Rolle seiner Zeit zu erfassen. Die Bibel nennt Henoch zuerst in der Genealogie der Kainiten (Gen 4,17.18) und der Sethiten (Gen 5,18-24; 1Chr 1,3; Luk 3,37). Die Ähnlichkeiten der Namen dieser beiden Listen wurde bereits aufgeklärt und wird im weiteren Verlauf herangezogen. Aus den Kernschriften der Bibel erfahren wir:

Henoch wandelte beständig mit dem [wahren] Gott. Dann war er nicht mehr, denn Gott nahm ihn hinweg" – Gen 5,24 *NWT-Rbi8(1986)*

Die Angabe zu seiner Lebenszeit (365) hat in Vergangenheit dazu Anlass gegeben, ihn mit einem Kalender in Verbindung zu sehen.

Im Hebräerbuch wird Henoch für die Zeit vor seiner Entrückung ein gutes Zeugnis ausgestellt (Heb 11,5). Was kam nach seiner Zeit?

Der Judasbrief nennt ihn als Prophet, der bereits von dem Gericht sprach, das heute unmittelbar bevorsteht! Judas beobachtete den Abfall seiner Zeit und zitierte viele Schriften, um diese Vorgänge für seine Mitbrüder verständlich zu machen und sie zu ermuntern, „einen harten Kampf für den Glauben zu führen, der ein für alle Mal den Heiligen überliefert worden ist" (Jud 4.14.15).

Henochs Voraussage des Gerichts Gottes mit „Myriaden von Engeln" schlägt den Bogen zum Ende der sieben Sonnenzeiten! Die sieben Mondzeiten wurden durch Elia eingeführt, was in Folge den Staat Israel auf die Beine brachte, doch wofür steht Henoch heute?

Der historische Henoch kommt in der Genesis zweimal vor:

Moses führt zwar die Sethiter und Kainiter getrennt auf, doch geben die Namen der beiden Linien sich nahezu einheitlich wieder.[109]

1	Adam	130/930	1	Adam	
2	**Seth**	105/912	2	**Kain**	Abel
3	Enos	90/905			
4	Kenan	70/910			
5	Mahalalel	65/895	3	Henoch	
6	Jared	162/962	4	Irad	
7	Henoch	65/365	5	Mehujael	
8	Metuschelach	187/969	6	Metuschael	
9	Lamech	182/777	7	Lamech	
10	Noah	500/950		Jabal Jubal Tubal-Kain Naama	
	Sem Ham Japhet				

Moses hatte die wichtigsten Personen der späten vorsintflutlichen Epoche genannt und in einem engen Verhältnis zueinanderstehen lassen. Doch sind auch die Unterschiede auffällig. Er lässt die Nachkommen Kains in der 7. Generation aufhören. Noah aber muss in der 10. Generation seiner Linie dann doch 500 Jahre alt werden, bevor er selbst Kinder bekommt!

Es werden nur drei Lebensalter dieser Ahnen *in allen fünf biblischen Überlieferungen* übereinstimmend genannt: Adam 930, Henoch 365 und Noah 950. Könnte die Lebensspanne Adams für die gesamte vorsintflutliche Zeit stehen, d.h. dass gar nicht seine eigene Lebensspanne erscheint?[110]

Um Henochs Wirken in der rechten Zeit zu erfassen ist es notwendig, weitere Quellen vor der Flut als gemeinsames Gut einzubeziehen.

---

[109] Die neue biblische Chronologie und die ägyptische Chronologie S. 63-64
[110] Ebnda, Seite 71

Dazu gehören: A- und B-Chronologie im MT, LXX, Sam, Äth und Jub, C-Chronologie aus China sowie ApkMos, Hen und Ägy.

Wie eine Untersuchung der **Apokalypse Moses** gezeigt hat, war diese tatsächlich Moses Vorlage für den Bericht von Adam und Eva gewesen (Gen 2-3)! Zwar wird eher umgekehrt eine Abhängigkeit der ApkMos von der Gen angenommen, doch lassen Vergleiche mit prägnanten chinesischen Schriftzeichen auf das hohe Alter der Bedeutungsschwerpunkte in ApkMos schließen, was Fragen aufwirft, die sich mit dem hohen Alter der ApkMos begründen lassen.

Eine Besonderheit der ApkMos ist, dass der Brudermord Eva in einem Traum offenbart wird. Auffällig ergießt sich das Blut Abels „in den Mund seines Bruders Kain" der es unbarmherzig trank. Abel bat ihn, ein wenig von ihm übrig zu lassen, doch es floss weiter aus seinem Munde heraus (ApkMos 2,2-3 *Meiser*). Diese Beschreibung lässt eine andere Dimension von Brudermord erahnen, den Raubmord oder den Raub der Lebensgrundlagen einer Sippe Abels, dargestellt durch sein Blut. Moses hat diesen Bericht (Gen 4) leicht umgeformt (das Blut Abels schreit vom Erdboden) wiedergegeben!

Eva hatte eine dramatische Vorschau, was durch ihre Nachkommen Kain Adiaphotos (der Lichtvolle) und Abel Amilabes (*arm* der Gutgesinnte) *später* auf die Menschheit zukam?

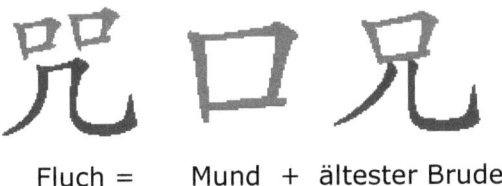

Fluch =   Mund + ältester Bruder

Adams Lebensalter von 930 Jahren fehlt in vielen alten Handschriften, sodass diesem Umstand Rechnung getragen werden muss!

Die im äthiopischen **Henochbuch** enthaltene 10-Wochen-Apokalypse deutet an, dass Henoch bereits vor Kain und Abel lebte.

> Also fing er an, aus den Büchern zu erzählen und sprach: „Ich bin als der Siebente in der ersten Woche geboren, solange Recht und Gerechtigkeit noch andauerten" – Hen 93,3

Mit Kain und Abel sind Tubal-Kain und sein Bruder Jabal angesprochen. In der Bibel wird uns Jabal als Stammväter derer, die in Zelten wohnen und Vieh besitzen, vorgestellt (Gen 4,20), sein Halbbruder Tubal-Kain als Hämmerer von Metallwerkzeug (Gen 4,22). Gleich darauf erscheint eine Rede des Lamech an seine Frauen Ada und Zilla über seine Tötung eines Jugendlichen (Gen 4,23-24). Die Nähe zum Schmied legt die Deutung Waffenschmied nahe und die gesteigerte Racheeinheit (von 7 auf 77) nun doch mehr eine Methode![111]

Wenn Henochs Vater eine Stadt nach dem Namen seines Sohnes benannte, war das zu einer Zeit, als verschiedene Städte voneinander unterschieden werden mussten, also mehr Besiedelung! Der Sesshafte war besser gegen Gewalt geschützt, und so war die brutale Anfeindung Kains gegen Abel ein Ausspielen seiner Überlegenheit, wie es Staaten (von Stadt) tun. Der Krieg war erfunden!

Die **Überlieferung Chinas** kennt Henoch als Schennong, Sohn von Fu-hsi, dem Seth der Bibel. Nachfolger Schennongs war Huang-Di, der Tubal-Kain der Bibel, in China als Gelber Kaiser überliefert, dem Besieger des Kui. Er war mit seinem Bruder Yan-Di (Jabal) im Krieg. Die Tochter von Huang-Di war Niuba, die Naama der Genesis und der Enkel Di-Ku ist Jubal. Dessen Sohn Yao (Noah) hatte Shun als Schwiegersohn, der Sem der Bibel. Die Chronologie Chinas ermöglicht uns eine Rekonstruktion der Zeit vor der Flut.

---

[111] *August Dillmann* Die Genesis erklärt, fünfte Auflage *(1886),* Seite 164: „So nach der auf mass., auf V. 15 beruhenden Punktation; ohne Rücksicht darauf würde man eher ... *nimmt Rache* (...) verstehen."

Henoch ist auch in **Ägypten** bezeugt.

Palermostein/Prädynastik

Seka	Iucha	Tiu
Sk3	*Jwḫ3*	*Tjw*

Itjiesch	Niheb	Imichet
Jtj s(ch)	*Nj hb*	*Jmj ht*

Wenegbu (???)   Wasch?
Wnb gw

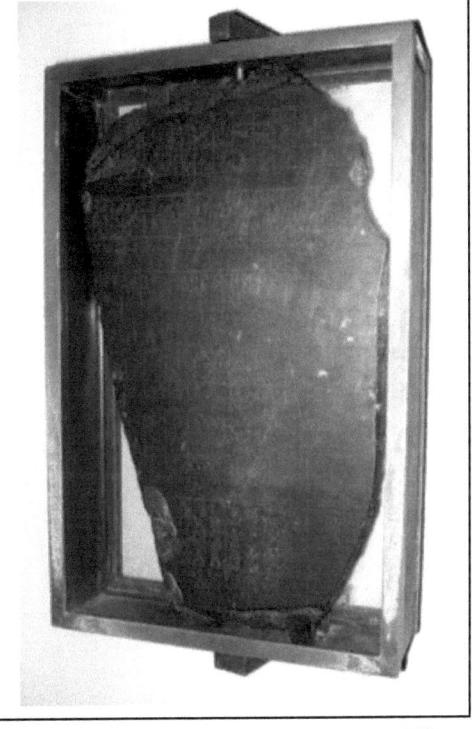

Der Palermostein *(Vorderseite)*[112]

Die Namen der Prädynastik *(links)* der Vorderseite, die obere Zeile[113]

---

[112] https://commons.wikimedia.org/w/index.php?curid=1285041
[113] Zum Zeichenbestand, siehe wiki/Palermostein + Liste der Pharaonen

Seka	Der Pflüger^Ä	Seth^B	Fu-hsi^C
Iucha *Jw*	Viehzüchter^B	Jabal^B	Yun Di^C
Tiu *Tjw*	Zerstampfer^Ä Hämmerer^B Kain Adiaphotos$^{LAE-Arm}$ der Lichtvolle	Tubal-Kain^B	Huang Di^C Der Gelbe Kaiser
Niheb *Nj hb*	Der zum Pflug gehörende^Ä Bauer Gottes^C	Henoch^B	Schennong^C
Imichet *Jmj t*	Der in der Götterschaft ist^Ä Er wandelte mit *El Schaddai*^{B}	{... j t} [... Shang Ti]^C	
Iucha	^{X}*Jw*^{P} ^{I}Käule^{Z-D}verletztes? Tier^Z Abel Amilabes$^{LAE-Arm}$ der Gutgesinnte	Abel^B	Yun Di^C

Die A-Chronologie von Adam bis Noah/Flut

Gen	Person	Jub		MT	LXX	Äth	Sam
5,3-5	Adam	3/5/4	130	130	230	230	130
5,6-8	Seth	5/5/4	98	105	205	205	105
5,9-11	Enos	7/5/3	97	90	190	190	90
5,12-14	Kenan	9/1/3	70	70	170	170	70
5,15-17	Mahalalel	10/3/6	66	65	165	165	65
5,18-20	Jared	11/5/4	61	162	162	162	62
5,21-24	Henoch	12/7/6	65	65	165	165	65
5,25-27	Methusalem	14/3/1	65	187	167	187	67
5,28-31	Lamech	15/3/x	49-55	182	188	182	53
5,32	Noah	25/5/3	~500	500	500	500	500
Flut		27/5/7	1309	1656	2242	2256	1307

Die C-Chronologie (China, mit passender Ergänzung aus Gen-B^{800})

Jahre	Herrscher/ -biblisch/ *geb.	Länge	
2952-2847	Fu-hsi / Seth	118^C B^{800}	
2845-2658	Shennong / Henoch	187 B^{800}	Gen 5,21-25
2674-2575	Huang Di / Tubal-Kain	100^C	Gen 4,22
2575-2490	Niuba / Naama		Gen 4,22
2490-2413	Zhuanxu [*2510]	77^C	
2412-2343	Di Ku / Jubal	69^C	Gen 4,21
2344-2334	Zhi	11^C	
2333-2234	Noah / Yao [*2353]	99^C 99	Gen 7,11

Gen-B^{800}, C und Jub können als Zeugen aufgerufen werden. Die Informationen besitzen eine gute Auflösung. Vor der Flut sind drei Schnittstellen zwischen Gen-B^{800} und C erkennbar, wobei C einer völlig getrennten Überlieferung angehört. Das Format wird von Jub und Sam gestützt, die ohne die Noah zugewiesenen Zeugungsalter von 500 Jahren auf 807 und 809 Jahren kommen. Noahs Regierungszeit und die des Sems nach der Flut ergänzen plausibel das Zeitbild, 800 Jahre Menschheit vor der Flut. Diese Entdeckung schuf ein völlig neues Zeitbild, das den Blick auf zwei Siebener Menschheit freilegt, wie er in der Apokalyptik verwand wird:

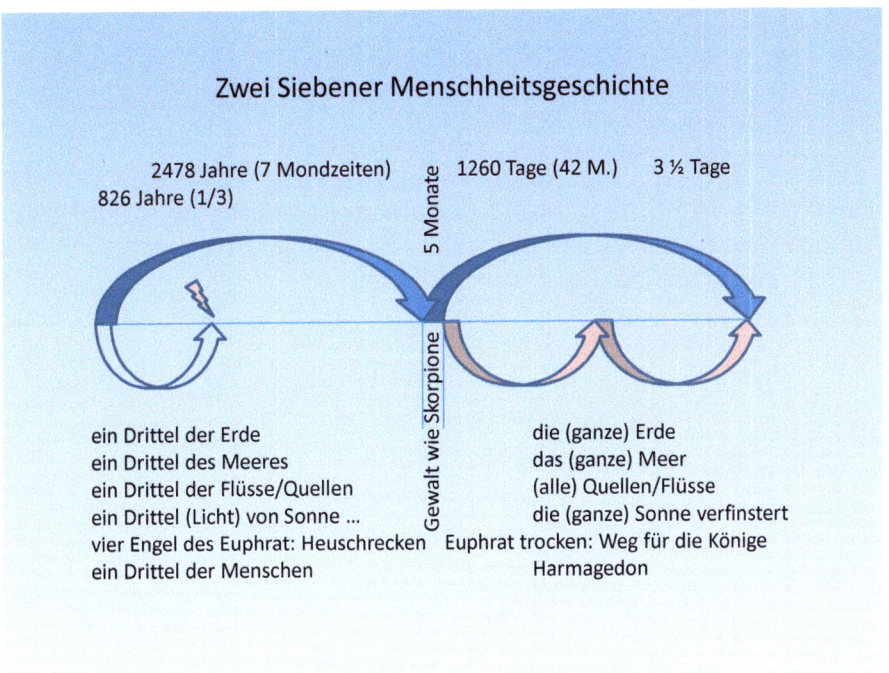

Der historische Henoch lebte, solange Recht und Gerechtigkeit noch andauerten. Er wandelte mit El Schaddai und würde das Gericht ankündigen, dass Judas aus einer verlorenen Henochschrift zitierte. Die damals betroffenen Engel werden am Ende der Zeiten Gelegenheit bekommen abzuwenden, was vor der Flut zur Ausuferung des Bösen führte.

Die Apokalypse der Didache (12-Apostel-Lehre) und die Apokalypse des Petrus sprechen als Kanonschriften den Weltenherrscher an, und letztere, dass Henoch und Elia gesandt werden, um auf diesen Verführer aufmerksam zu machen.

> Henoch und Elias werden gesandt werden, um sie zu belehren, daß das der Verführer sei, der in die Welt kommen und Zeichen und Wunder tun muß, um zu verführen" – ApkPet 2

Elia kam am Ende von sieben Mondzeiten mit Feuer vom Himmel (der Zweite Weltkrieg) und bereitete dem Staat Israel den Weg. Henoch wird bis zum Ende der sieben Sonnenzeiten erwartet um das Gericht an den Gottlosen anzukündigen!